忍者

現代《いま》に活きる口伝

"忍び"のように生きたくなる本

甲賀流伴党第二十一代宗師家
川上仁一

対談

作家
多田容子

BABジャパン

忍者。
その存在は謎に包まれている。
謎に包まれているが、
それはかつて、確かに存在した。

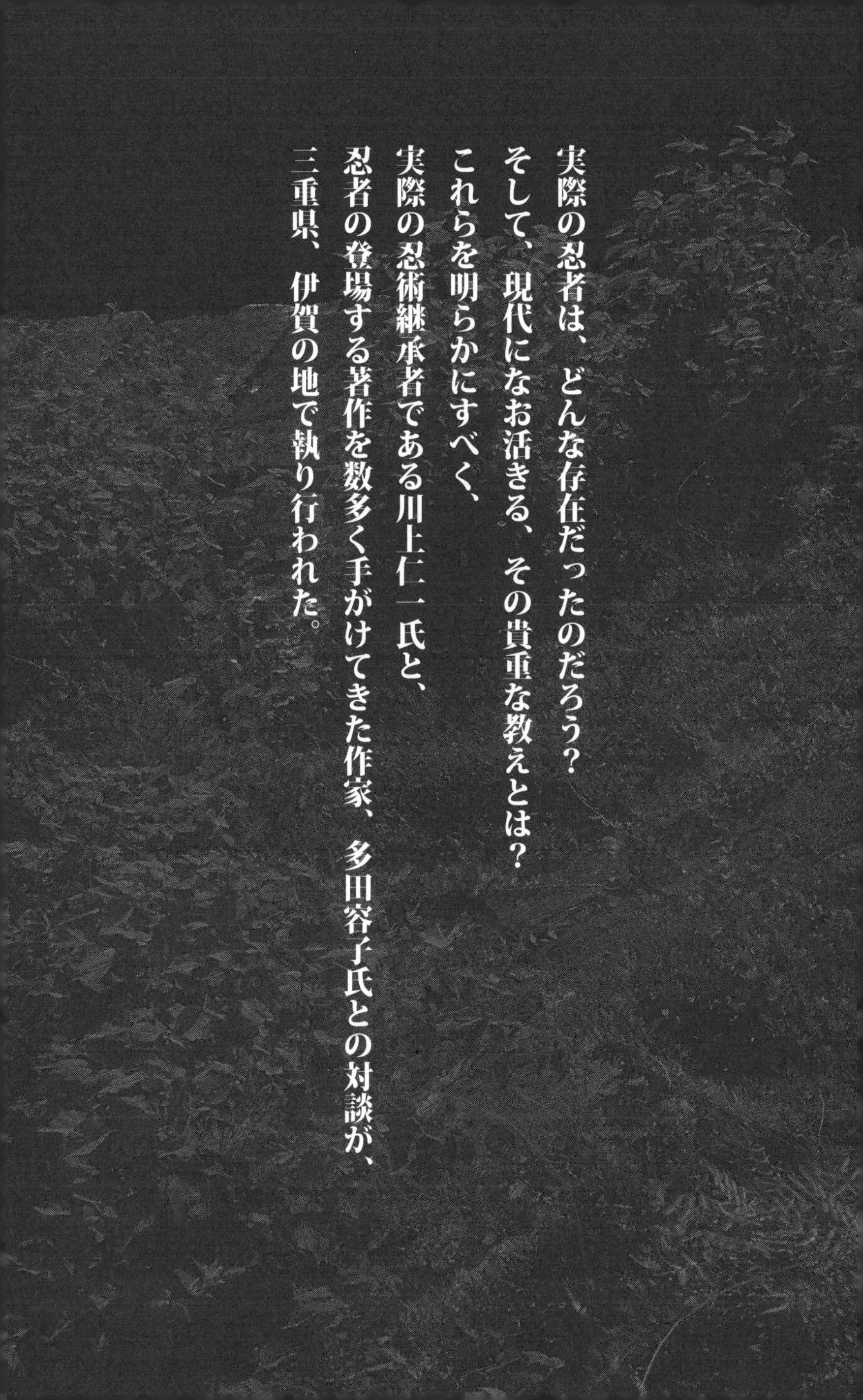

実際の忍者は、どんな存在だったのだろう？
そして、現代になお活きる、その貴重な教えとは？
これらを明らかにすべく、
実際の忍術継承者である川上仁一氏と、
忍者の登場する著作を数多く手がけてきた作家、多田容子氏との対談が、
三重県、伊賀の地で執り行われた。

忍者　現代に活かす口伝　目次

多田容子（ただ ようこ）

作家。1999年、剣豪小説『双眼』（講談社）でデビュー。著作に『女剣士・一子相伝の影』『柳生双剣士』（講談社）、『甘水岩　修羅の忍び・伊真』『おばちゃんくノ一小笑組』（PHP 研究所）、『柳生平定記』『諸刃の燕』（集英社）等。小説の他『一発逆転の武術に学ぶ会話術』（BAB ジャパン）、『自分を生かす古武術の心得』（集英社新書）、『新陰流　サムライ仕事術』（マガジンハウス）、『武術の創造力』（甲野善紀共著 PHP 研究所）、『不滅の侍伝説「子連れ狼」』（小池一夫共著 体育とスポーツ出版社）等。

居合道三段。柳生新陰流兵法・小転中伝。手裏剣術も学んだ。

古武術の理から得た発想を現代に活かす「古武術活用研究家」としても活躍。

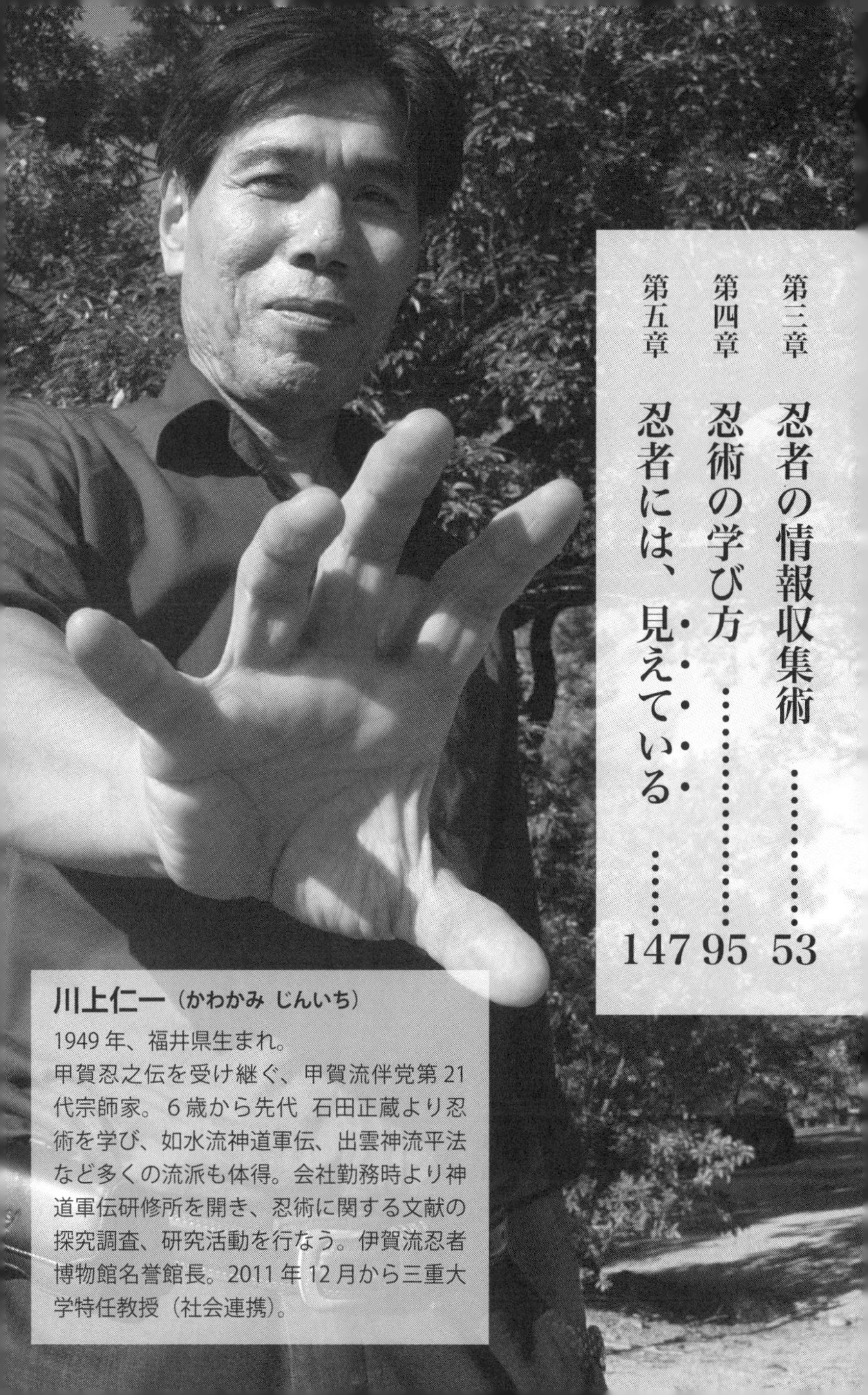

川上仁一（かわかみ　じんいち）

1949年、福井県生まれ。

甲賀忍之伝を受け継ぐ、甲賀流伴党第21代宗師家。6歳から先代 石田正蔵より忍術を学び、如水流神道軍伝、出雲神流平法など多くの流派も体得。会社勤務時より神道軍伝研修所を開き、忍術に関する文献の探究調査、研究活動を行なう。伊賀流忍者博物館名誉館長。2011年12月から三重大学特任教授（社会連携）。

第二章

〝本当〟の忍者

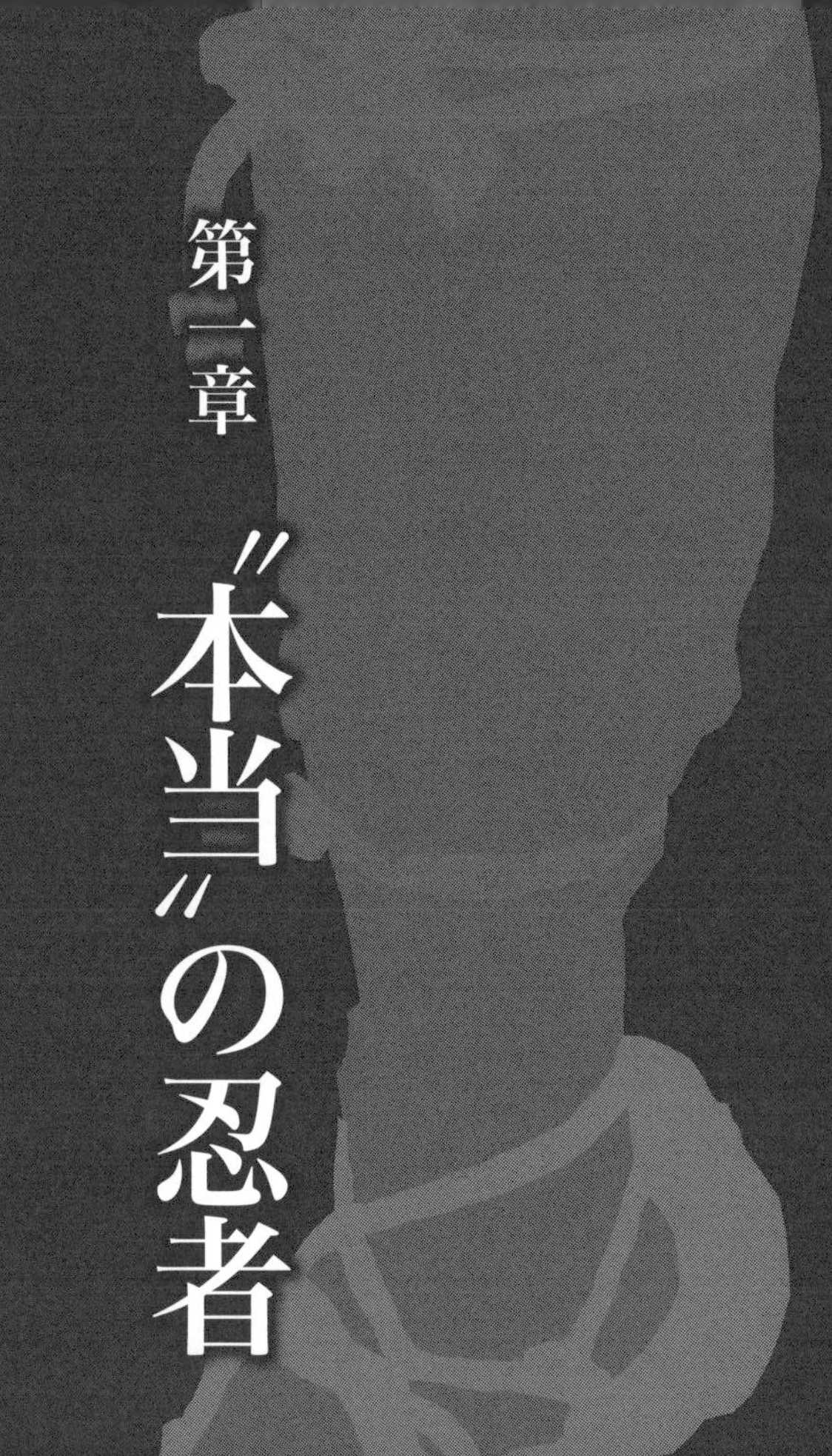

現代に本物の忍者？

多田　川上先生は甲賀流伴党の宗師家でいらっしゃいますけど、幼少期から福井で忍術を学び始めたんですよね。なぜ子供の頃にそういうことをやることになったんですか？

川上　たまたまですよ。私も小さかったからなぜかはよくわからなくて、定かな記憶がないながら、遊びみたいな感覚で、丸描いたり、絵描いたり、そこからその人に学んだ、という記憶から始まってるんです。

多田　どこかのおじさん、みたいな感じ？

川上　じっちゃん。おじいさんですね。京都から来ていたんですけど、なぜ、何のために、というのは、いろいろあるんですけどよくわからない。残っている資料を見ると、福井へは調べに来ていた気配があるんですね。小浜藩（若狭国〈福井県西部地方〉を統治した藩）に伴《ばん》っていう家がありまして、そのことが書いてあるんですよ。それは、調べないと書けないはずなんで、私は調査が目的だったのかなと思っているんですけど。

多田　どんな感じの方だったんでしょう。出で立ちとか。

川上　最初は雲水《うんすい》（修行僧）の格好してました。あと、薬も売ってました。置き薬。

多田　どんな頻度で来られるんですか？

川上　いるとずっといましたよ。いないと……冬は雪があったから、そういう時は来ませんでしたね。また春先になるとなんとなく、いる。そんな感じでした。最初は私だけじゃなくて、他にも習ってる者がいたんです。今聞くと、うすらぼんやり覚えてる者もいれば、もう全然忘れてる者もいます。当時、ちょう

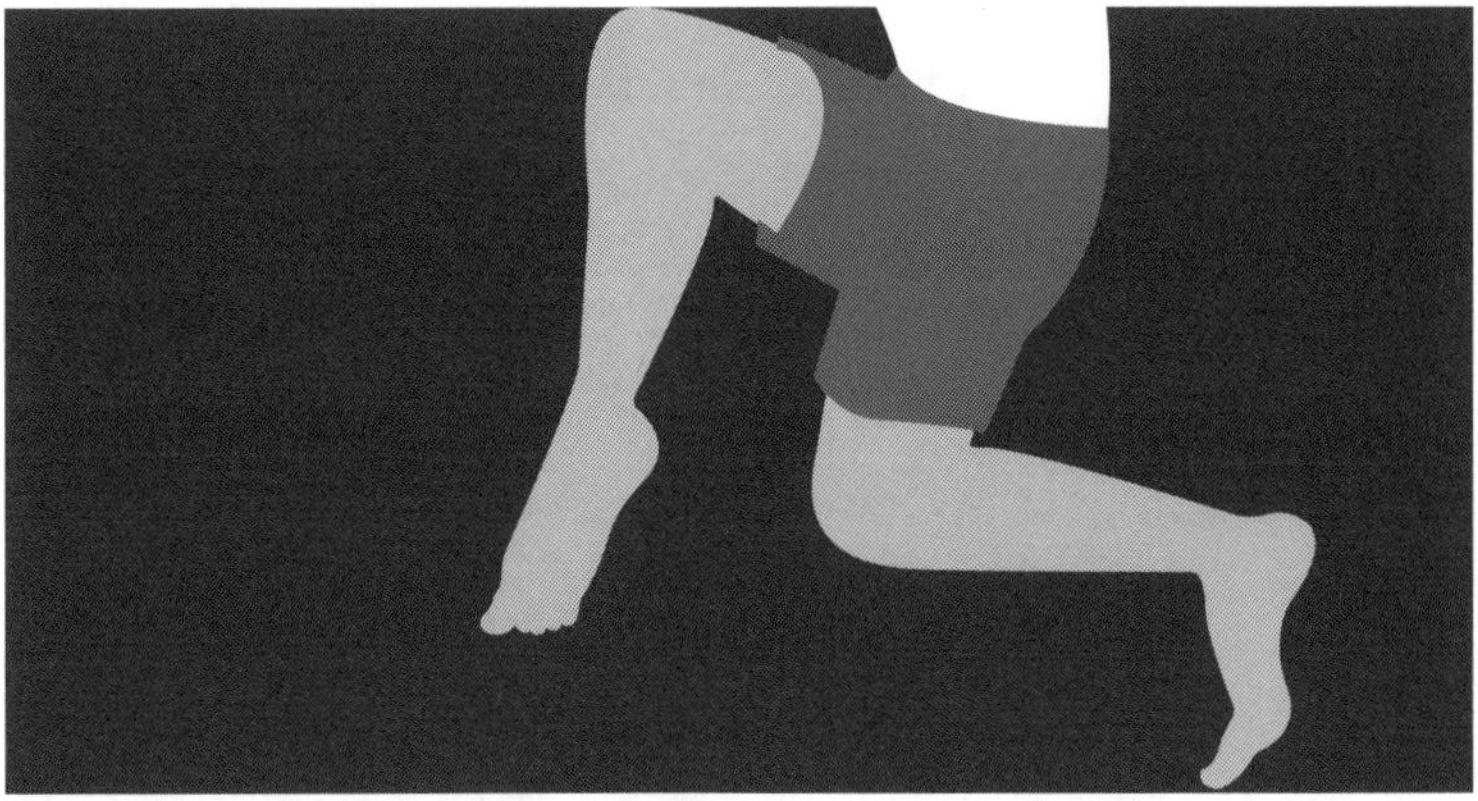

どウチの村の前の川を改修していて、その工事にもよく出入りしてました。私は藁草履履いて提灯使ってましたよ。そういう時代なんですよ、田舎では。

多田 気付いたら、けっこういろいろやらされていた、という感じですか？

川上 習ってるうちに、これは泥棒かと思ったんですよ（笑）。だんだん物心がついてくるとね。私はおばあちゃん子だったんで「悪いことしたらあかん、捕まるから」ってよく言われてましたけど、習ってる事はなんか、物盗るみたいなことが多いんです。

多田 じゃ、かなり小さい時から〝忍び込む〟みたいなことを？

川上 そうそう。忍び込むやり方ですね。暗い時に。暗がりでそーっと動くと、どうしても泥棒っていうイメージでね。で、その印象は当たってたんですね（笑）。忍者の起源は夜盗みたいなところでもありますから。

多田 ある意味では当たっていた（笑）。ご自分が習っているものの正体がわかってきたのは、どういう時点で？

川上 だいぶ後になってからですよ。習い始めて3年くらい後でしょうね。「忍びの術」と言って習ってましたけど、意味はよくわかりませんでした。そうこうしているうちに、小学校5、6年だったか中学1年くらいの時に『忍びの者』っていう映画が公開されまして。それで観たら、私の習ってる事と……。

多田 まさにこれだった！みたいな。

川上 その時から、歴史的興味も持ちだしたんですよ。

多田 本当に珍しいパターンですね。普通はテレビとか映画で観て、それから実際にそういう関係の人と会って感銘を受けたり、そんな感じですよね。

川上 テレビなかったです。私の家は（笑）。

多田 まあ、本とか、……小説や漫画で読んでいて……とかだと思うんですけど、忍者が何かもわからない時にもう出会って、始まってるって（笑）。

川上 忍者っていう言葉がまずない。「忍びのもん（者）」。「にんしゃ」という言い方もしていたように記憶しています。あとは「忍術使い」ですね。

多田 そうですよね。「にんじゃ」っていう読み方になったのはけっこう……。

川上 もう、近代、現代ですよ。昭和ですね。たぶん昭和30年代に一般化した。おそらくこれは間違いありません。江戸時代は「忍びの者」と言うのが普通だったようなんです。その時代の書物にルビがふってあるものもあって、「忍者」と書いて「しのびのもの」とふってある。私も「忍者」という言葉にもの凄い違和感があったんですよ、近年まで。

多田 私の感覚で言うと、まあ、本ではあえて「忍者」とも書きますけど、小説の中だと、特に会話とかで「忍者」って言わせると、なんか変な感じがしますね。「忍術者」ならまだ使いやすいかなって……。

川上 「忍びの者」とも言わなかったですね。「忍びのもん」って言ってましたよ。

多田 「もん」？……関西弁ですよね。

川上 そうなんです。まあ、そんな風で子供の時分になぜか習い始めるようになったんですけど、何か意図があったのかなかったのかはよくわからない。別に選ばれた訳でもなんでもない。

多田 いや、絶対選んでる！（笑）

川上 たまたま、いい加減に遊びを教えようとしたら、けっこう熱心にちょこちょこと動き回るんで、こいつ面白いなと思ったんじゃないかな。私は、時代の流れも無視できないと思うんですよ。世間的にもそういうものが取り上げられるようになっていって、なお、興味を持ち始めて。図書館で「忍者」とか「忍術」とかをひいたりしましたよ。

多田 どちらかと言うと、やっていく過程で、どんどん興味が高まっていったと。

川上 そうですね。ほとんど学んだ段階でね。要するに、体を使う体術的なものとか、基礎になる部分を習い終わったころから、そういうブームがきたんです。だから、なお、歴史的興味をもったんですね。まあ、歴史好きっていうこともあったんでしょうけど。なお、資料を自分で読んだり、漢文を読んだり。

多田 見事に、平成の世に繋げられましたね。私も武術の世界では、けっこう、興味深い、凄い方もお目にかかったりしたんですけど、まさか、本当の忍術伝承者にお会いできるとは……。

川上 私は、周りの者はみな知ってたけれども、公言したりは一切しなかった。忍術なんて〝マユツバ〟。今でも私、誰か笑ってるんじゃないのかな、とかそんな風に思うことがありますよ。どうせ信じてないだろ、とかね。そういう感覚っていうのは、いまだにあります。

多田　確かに、何人も何人もいたら、世の中に認知されてるっていう意識があるでしょうけれども、いないですからね。

川上　嘘だろ?とか、そういうイメージですね。そういうイメージが抜け切れてないです。あとは『忍びの者』っていう映画もあったりして、「忍者」っていう言い方をされてたから……そういうイメージで見られるようになったと思います。友達連中にはね。

多田　友達が忍者って凄いですね（笑）。私なら絶対、友達だったっていうだけで、大人になったら本書いてます（笑）。「僕は見た」みたいな感じで。

川上　（笑）

多田　やっぱり、喧嘩とかもしましたか?

川上　そういう話はあまりしないんです。私はまだ〝バンカラ〟とか、そういう時代でしたから。喧嘩をしても、別に警察が来る訳でもない。私、当時、短刀持ってました。

多田　ほおー。

川上　ずっと、中学くらいまで。ごっついナイフを持ってるヤツもいたけど、私は短刀を。

多田　武器として?

川上　お守りです。そーっと、親父のを持ち出して（笑）。時代ですね。

多田　団塊の世代でそれって、けっこう珍しいんじゃないですか（笑）。

川上　中学二年の時だったかな、運動会で仮装行列をやることになったんですよ。男は侍の真似するんです。みんな家から刀持って来て差してましたよ。登録のない刀を（笑）。

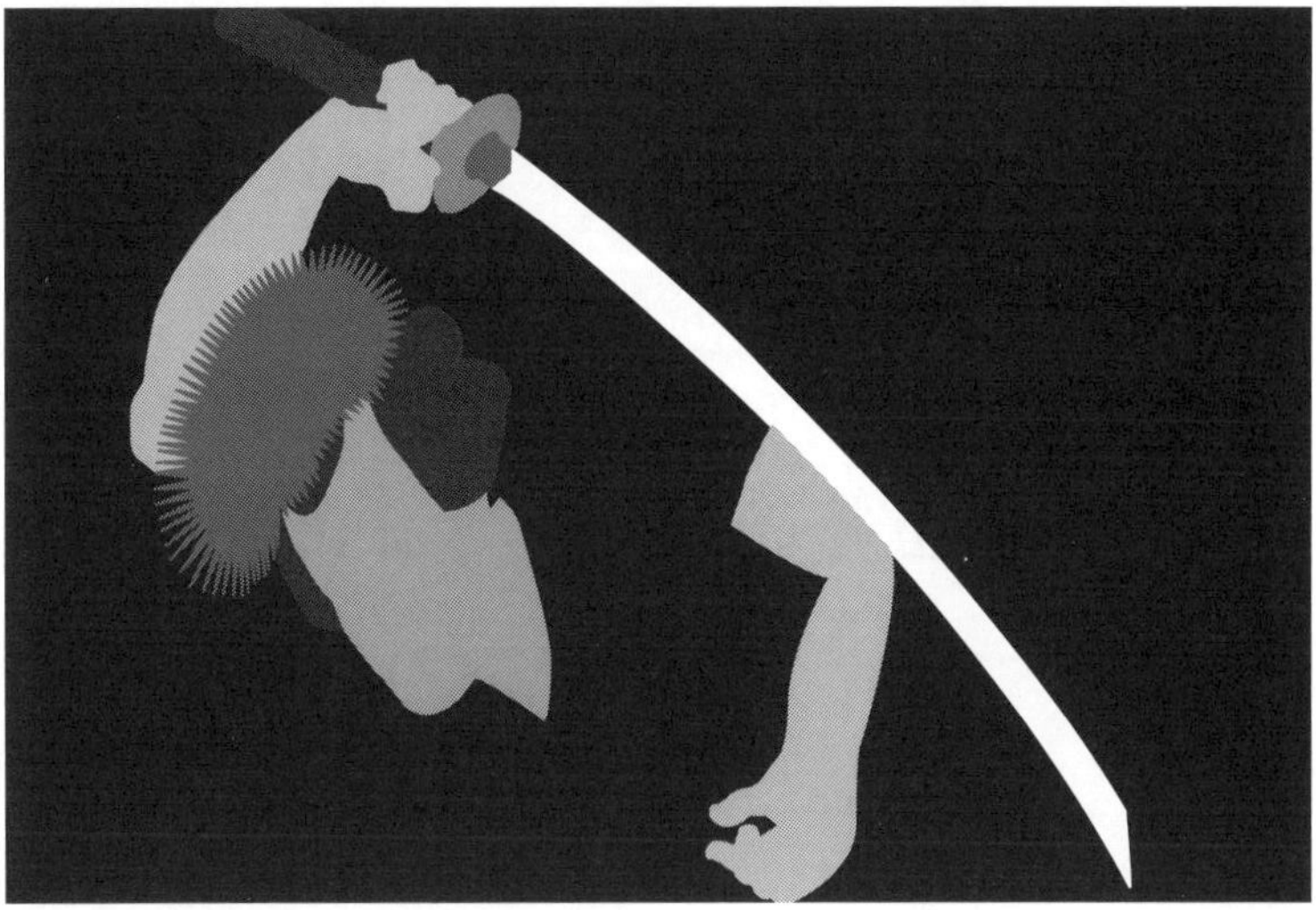

多田 （笑）。さすが旧家っていうか、昔からある家なんですね。私なんか、自分も周りもマンションとか集合住宅が多くて、歴史と無縁な暮らしですから、そんなの一切、誰も持ってない。

川上 でもそんなの、許されんでしょう（笑）。誰も言いもしないし、問題にもしないし、当然かのように。出して竹斬ってるヤツもいましたよ（笑）。私も持っていったけど、傷むから斬ったりはしなかった。私は石川五右衛門になりました（笑）。忍者ですから。

多田 本当に、だから、何というか……やっぱり、ただ真面目に修行するだけじゃなくて、そういうキャラクターがお好きでもあったっていうのが、凄い。

川上 周りが……。

多田 やれやれ！って。

川上 やれやれ！って言うから。それで、『忍びの者』っていう映画が石川五右衛門でしょ。

多田 （市川）雷蔵ですよね。

川上 雷蔵。でもなんか違うと思いましたけどね。「違うなあ」「嘘臭いなあ」って言ってました。あの映画をね。だからなおさら。

多田 ああ、なるほど。ちょうどそれでスイッチが入るっていうのもまた、縁ですよね。

川上 そういう時代ですね。まだ戦後間もない頃。団塊の世代っていうヤツです。

〝忍び込み〟修行実践記

多田 子供の頃にやった〝忍び込む〟修行というのは、どういう感じだったんですか？

川上 家に忍び込んで物を取ってこい、と。今言うと怒られるかもしれません（笑）。

多田 （笑）

川上 まず、帰り方のことを考えなきゃならない。まず最初にそうしないと、帰れないです。捕まったら泥棒ですよ。村にいられないです。

多田 あ、村の中でやる訳ですね。凄い。

川上 これね、忍術に「過去、現在、未来の伝」という名前であるんですけど、要するに〝計画する〟…計画する事は過去なんですよ。

多田 ああ、事の顛末からしたら過去。

川上 そうなんです。それで見えてくる〝帰ってくる事〟は未来なんです。

多田 なるほどなるほど。それで、現在というのはその中間のものですね。

川上 必ず逃げ道を作っておくということが基本。でないと忍びの者の働きはできないんで。簡単に言えば、

「通路」です。それをまず一番に確保しないといけない。これは、最初に学ぶレベルです。

多田 大変な修行ですね。ましてや子供には。

川上 あと、取ってきた物を返しに行かなきゃならない訳です。それが大変。

多田 行って帰ってくる〝未来〟のさらに未来（笑）。

川上 返しに行くのが一番難しい。取ってくるのは、一所懸命だからなんとか考えるし、いろいろできるんです。

多田 留守中に返しに行くんですか？

川上 いる時に返しに行くなんて（笑）。でも実際、ソーッとわからないように返したことがあるんですけど、そうしたら駄目だと言われました。下手くそだと。捕まったらどうするんだと。

多田 じゃ、実際はどうすべきだったんですか？

川上 一番上手いのは、これ落ちてましたとか、知らない人に預かったとか、そういう風に言って渡す。

多田 ああ、自分で戻しに行かない方がいいんですね。

川上 行くにしても、「前に落ちてた」とか言って、怪しまれないようにしなきゃいけない。

多田 自分が取ったんじゃないっていう、ベースを作って行かなきゃいけなかった。

川上 その方が、上だと。行って、ソーッと返すなんてレベル低いと。

多田 ちょっと、生真面目すぎた訳ですね（笑）。

川上 その前に習うんですけど、城の絵があって、ここに忍び込むにはどうするか、みたいな事を考えさせられるんです。これはもう、昔からのやり方だと後から聞きました。お堀がこうあって……なんかと状況を周到に説明されて、「カギを打って、ここをこう登って…」なんていろいろ考えて言うんですけど、どれも駄目。「正門から堂々と入れ」って言うんです。密かに忍び入れば怪しまれて、捕まったらすぐ殺される。それより、例えば侍に扮する、とか、商人になる、とかして、正門から堂々と入る、というのじゃないと、正解にならなかったんです。

多田 へえーっ。じゃあ、数々の、よじ上ったりする技術とかは……。

川上 レベルが低い訳です。

多田 そうやって行くしかない時の、言ってみれば〝力技〟みたいな（笑）。

川上 固定概念が駄目だ、というような教えなんですよ。

多田 それこそ「本当の忍びの者は手裏剣すら持たなかった」という説もありますけど、確かに怪しいもの何にもなしで、通って行ったとしたら、万一見つかっても、まあ、口が達者ならば……。

川上 だから、口が上手くないと駄目なんです。

多田 やっぱり、口ですか（笑）。

川上 門というのはね、目で見るからそこに門があるんだとこう言うんです。禅の中に「無門の一関」というのがあって、あれはもっと高尚な事を言っているけれども、我々が学んだのはそうではなくて、門は目で見えてるからだと。入り口だと思ったらそれでいい。別に入り口がそこにあるだけだから。

多田 ああ、そこでチェックされるとか、関所みたいに思えるから。

川上 そうそう。そうすると、それが姿に顕われてる。税関とかの人達が上手に見つけるのは、それでしょう。何か持ってるヤツは、何か相《そう》に顕われる、って言いますよね。

多田 言いますね。

川上 普通はパスポート見せろって言われないでしょ。普通にスッて通れるでしょ。でも、変な人だけが止められる（笑）。

多田 挙動不審（笑）。

川上 目、合わせない人とかね（笑）。

なぜ伊賀甲賀？

多田 「忍びの者」の起源はいつごろなんですか？

川上 「忍び」という言葉は南北朝の時代からあるんです。夜中に忍び込んで火を着けたり、撹乱したり、そういう働きをする人を「忍びの者」と言った訳です。夜盗を使ってそういう事をさせたりもしたんです。疑心暗鬼にさせたり、撹乱したり、それが「忍び」という働きなんです。でも、一般の人からしたら、盗賊ですよね。そういうイメージの時代があって、それが戦いに有益になって、専業したかのようになると、伊賀・甲賀者が秀でていて、「忍びの者」で名を上げてくる。その時代は情報も取ってくるし。物も取ってくるし。暗殺もしたでしょうね。江戸時代になって戦いがなくなってくると、今度は治安維持が主たる任務になります。藩主の警護みたいな事ですよね。もう、現代みたいになってくると、それが要らなくなってくる訳です。警察機構が発達してきたり、軍ができてくると。その中に包括されてくるから。そうなると伊賀甲賀の「忍びの者」みたいな人達は、お払い箱です。明治の初年に、だいたいの「伊賀者」とか「忍びの者」っていうのは、藩の中から組織がなくなってきました。各藩には、あっちこっちにそういう人達がいた訳なんですけどね。

多田　「伊賀者」「甲賀者」がいろいろなところで雇われたりしていた訳ですよね?

川上　史料上は戦国時代でもう、傭兵のようにして使われていたと伺われるんです。「伊賀衆」「甲賀衆」といったように、あるいは「伊賀者」「甲賀者」といったように。それは「忍び」というものを得意としていた、という風に、江戸初期のものには書かれているんです。江戸初期の、要するに戦国の生き残りが書いているものに残っているから、戦国時代はそうであったろうっていう証明になる訳ですよね。それは伊賀、甲賀しか出てこないんです。

多田　やっぱり、鈎《まがり》の陣とか、大きい合戦で、都がらみの時に、もの凄い奇襲をして、インパクトを与えて、伊賀、甲賀はすごい、怖い、みたいになって、ブランド化して、出て行くような感じ……。

川上　奇襲とか、不正規戦闘、そういうものに秀でていた事は事実だと思うんですね。それをやるためにはいろいろな情報を知らないといけない。それを得意としたのが、伊賀、甲賀の人だったというのは、まず間違いない。史料的にもですね。

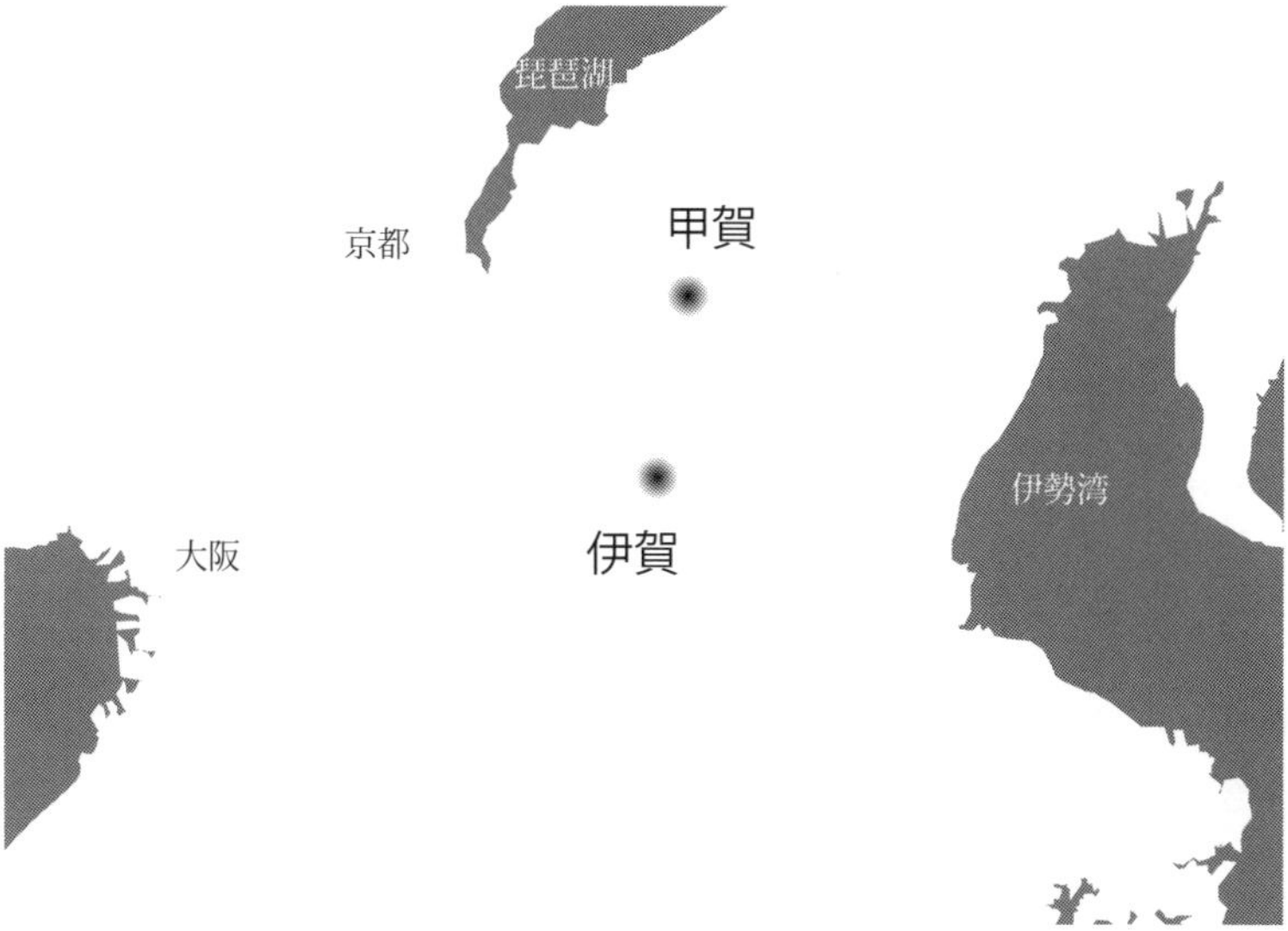

多田　なぜ伊賀、甲賀の人が、情報を得るのが上手かったんでしょうね。

川上　それはやっぱり、都に近いですからね。人の交流も多かったと思うんですよ。伊賀、甲賀っていうと「山猿」っていう風に、小説なんかに書かれたりするからどんな山奥かと思ってしまうんですけど、都に近いですよ。伊賀も甲賀も、古代から開けた所なんです。

多田　奈良も京都も盆地ですけど、「奈良・京都・伊賀」、畿内三大盆地って言ってもいいくらい……盆地なんですよね。

川上　盆地です。

多田　でも、イメージ的には伊賀だけ山奥（笑）。

川上　伊賀甲賀っていうのは、文化も発達していたし、人の交流も多かったし。そういう意味で、情報も多いし、技術もあったし。

多田　芸能も。文学者も松尾芭蕉だけじゃなく。どちらかというと……まったくイメージ違いますけど、

深い山中のイメージの強い伊賀の里は、
実際には四方を山に囲まれた〝盆地〟にある。

現代で言ったら、軽井沢みたいな役割もあったかもしれない（笑）。

川上　ああ、そうかもしれないですね。

多田　ちょっと洒落てて、文化人とかアーティストとかがいる。涼しくはないですけど、全然（笑）。それが最大の欠点です。まあでも、山の自然もあるけど、文化はあって……。

川上　落ち武者伝説もけっこうあるでしょ。都から近いし、ほとぼりさめたらすぐ帰っていく。

多田　落ち武者の存在は大きいでしょうね。

川上　それ以前は東大寺とか、大寺院の荘園ですよね。そういう荘園の開拓とか、寺院建立のための杣《そま》ですね。そういう人達の定住から始まる。

多田　やっぱり、仏教に絡んでる人達って、当然、文化とか学術とか、技術とかのレベルが高いですよね。

川上　そうです。僧侶っていうのは一番の知識人ですよね。仏教教典というのは、今の人は、訳の分からんお経かなんか読んでるだけ、と思っているかもしれないけど、あれは実はそうじゃなくて、いろいろな知識の宝庫なんですよね。薬草の事も書いてあるし、天文もあるし。占いも入ってるし。全部僧侶が伝えてるんです。

多田　仏教系も、お伊勢さんとかの系統も、どっちもあるしっていう。それで、落ち武者もいるから、やっぱり武術に関しても。

川上　戦う術については、発達してきますね。そしてこういう所に住むと、隣との争いが出てくるでしょう。そういう時に、様子を探るとか、奇襲するとか、そういうところが発達する。それは必然ですよね。

多田　ある意味、伊勢っていう視点を加えると、まさにちょっと〝挟まれた場所〟みたいな部分もありますよね。

川上　そうですね。伊勢道が通ってるし、奈良街道もそうですね。やっぱりここは古代からの道ですよね。ある意味、非常に開けた所だったんだと思うんです。

多田　やっぱり、そんなこんなで、口も達者になったんですかね。

川上　知識人であり、技能者であり、そういったものが複合していったんじゃないかな。だから私感じるんですけど、今も伊賀、甲賀の人は、大変優秀だと思うんですよ。

多田　いや、本当にそうですね。三重大学・伊賀連携フィールドの「忍者・忍術学講座」に来られている人でも、ただ者じゃなさそうな方が、かなりいらっしゃいます（笑）。

川上　皆さん熱心でね。それで、皆さん、意見があるんですよ。

多田　ありますね（笑）。

川上　意見を持たれてるので、その〝平均〟をとるのが難しい（笑）。

多田　プライドもありますしね。
川上　やっぱり、それなりの知識人である事は、間違いないです。
多田　京都人って、当然プライドもあって、いろいろ特徴があるんですけど、またちょっと違うんですよね。
川上　多田先生は伊賀に住まわれるようになりましたけど、外から来られるとよく分かるでしょ。
多田　はい。
川上　中の方は、わからないと思いますよ。
多田　今ちょっと、大阪とかが通勤圏に入ってるからか分からないんですけど、なんだか、ノリとしては非常に大阪に近いというか。奈良にも近いんですけど。それで、その大阪的な〝ちょっとぶっちゃける〟的な感じもあるんですよ、京都に比べると。でも、そういう本音とか面白みが出るまでには、けっこう時間がかかる。なんかなんとも言えない……なんでしょうね（笑）。
川上　悪く言うと、閉鎖的、中世的、村社会なんですよ。
多田　ああーっ。中世行きますか（笑）。
川上　中世っていうのは、各人の意見をもって、なかなか相容れない。
多田　確かに、本当に江戸時代から戦国時代、飛び越したくらいの、古い、何かが残ってるんですよ。
川上　私はそれが、ものすごく現代的だと思うんです。
多田　ちょっと個人主義というか。
川上　人的交流は昔から多いし、現代も多いですよね。会社もここは非常に多いですよ。三重県で一番多いと言われています。

多田　商売されている方も多いですしね。大阪のイメージと重なるのはそこかもしれません。

川上　そうかもしれないですねえ。

多田　木津川で結びついてますしね。

川上　ここは一応東海地方になってますけど、実際は関西圏ですよね。

多田　伊賀は関西ですよね。少なくとも、近畿ですね。

川上　なんか、名古屋の方とは、ちょっと違う。

多田　全然違いますね。

川上　昔の津藩藤堂家がこっちの主藩主になる訳ですからね。津の藤堂本家が上に位置してます。だからそういった面でのつながりがあったんでしょうけれど。どうしても峠があるので、隔たりがありますよね。

多田　そういう意味では、確かに高い山はないんですけど、低い山でも、やっぱり囲まれてるだけに、独立性というか、独特にはなるんでしょうね。

川上　そうですね。けっこう古い時代からあったと思います。それはおそらく、荘園の頃から培われてきていると思いますよ。次に「悪党」（領主に反抗する集団）というのが出て来ますね。ああいう人達の活動の記録をみると、後世「忍び」と言われている人の活動と重なる部分が非常に多いんですよ。放火したり襲ったり、撹乱する。

多田　そういう話を聞くと、怖いとか、ちょっとびっくりするみたいなイメージになるんですけど、要するに、自分で考えてやる、っていう特質がありますよね。「時の権力者が言ってるからそうしとこう」っていうのでなく、「いや、自分はこうやる」という。戦い方でも、あまり前例にとらわれないで、これは上手

くいきそうと思ったら、やってしまう。
川上　恐らく自存する、それから自立する、その二つが重なっていると思うんです。それは村社会なんです。「村」っていうのは当然「家族」の集まりですよね。全部ではないですけど、血族が中心になっている。そういう集まりの「村」というものが伊賀甲賀の各地域地域にあった訳ですね。
多田　日本の村社会っていうと、それこそ横並び意識が強い、みたいなイメージがありますけど、それとも、また少し違うんですね。
川上　一応、ある程度は横並びだと思うんですよ。おそらく皆の様子を探りながら、やっている。
多田　でも、けっこう意志は、持っている。
川上　強い、ですね。
多田　伊賀、甲賀の人って面白いのが、独立とか、外敵から護るっていう考えもあるんですけど、……外へ出て行きますよね。どんどん出て行く感じも、自立というか自由というか。

川上　今とくに、家業を継がないで出て行く人が増えてきているので、町としては非常に困る訳なんですけど。今はサラリーマン化しているから、働く場所を求めて、という事になる訳ですけれども、昔は傭兵みたいに雇われていったんでしょう。でも、それは必ず、帰ってくる訳なんです。出稼ぎに行くだけですから。

多田　けっこういろいろな所で活躍しているんで、もはや伊賀者、甲賀者じゃないんじゃないか、みたいな言われ方したりもするんですけど、また、帰ってくるんですね。

川上　帰ってくるんです。本質的にはね。ただ、そこで仕官してしまったら、その大名家に属してずっとそこにいます。ところが藤堂家は、江戸初期に、伊賀から出て他の大名家に仕えている者は全て帰ってこいという命令を出すんです。

多田　ああ、江戸時代になって、領土の区切りもはっきりしたし。「よそで仕えていながら伊賀にも住んじゃ、駄目だ」みたいな。逆に言うと、みんながそういう風にしてたのか、みたいな（笑）。

川上　したんですよね。

■

琵琶湖って、昔は伊賀にあったそうですね。
何百万年も前ですけどね。この辺は湖底にあったから、山がみな低いんです。

第二章 忍者の演出と〝くノ一〟

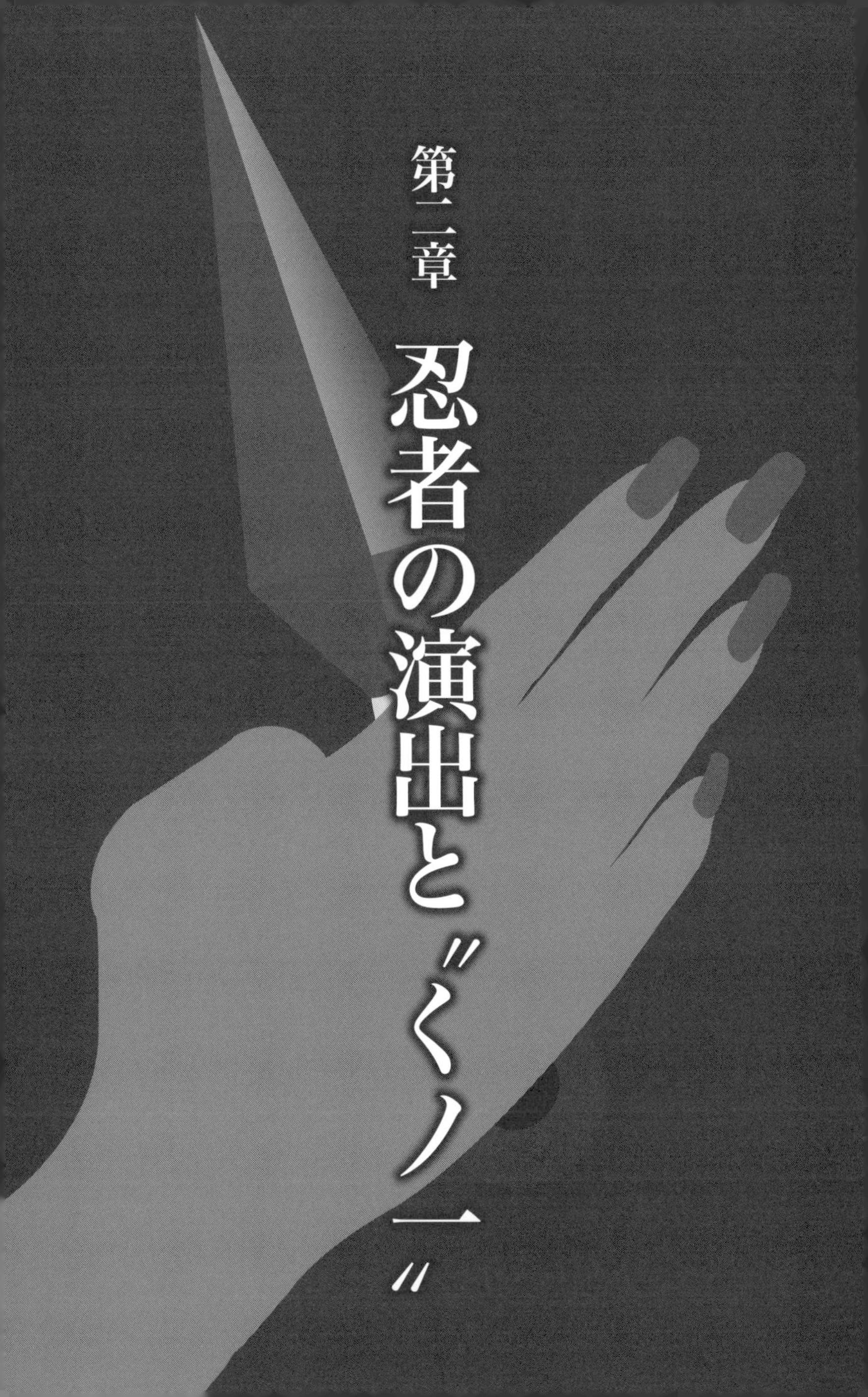

「忍者装束」はウソ？

多田 忍びの者の報酬はよかったんでしょうか？

川上 それはよく分からない。命賭けて行かなきゃならないですから、それなりにもらわないと行かないですよね。名誉だけで行ってるはずはないんですよ。

多田 私の勝手な想像では、奇襲って、普通の合戦と比べると、小人数で済むと思うんですよ。

川上 そうですね。

多田 そういう意味では一人頭のお金は、ちょっと良かったかもしれない。

川上 でも、一番危険ではあるんです。

多田 そうですね。

川上 忍び込んで火を着けたり、中で暴れ回って、逃げてくる訳ですから。そして後の戦闘を優位に導く訳ですね。それをしようと思ったらやっぱり、いろんな事を調べてからじゃないと。

多田 確かに。

川上 やっぱり情報を入れないといけない。出入りしている者に変装もしないといけないとか、そこにいろいろな技法が必要とされてくる訳です。それに秀でていた、とは言われているんですけど、その技法がまとまったものは、戦国期のものは、残っていない。江戸時代にまとめられている訳なんですね。火を着ける道具とか、火薬類とか、忍び込む道具とか。人間は口の方が大事だ、という教えも残されています。武芸に秀でているというよりは、口の上手なヤツの方がいい、という訳です。

多田　世間一般のイメージと全然違いますね。

川上　火を着けるにしても、口の上手なヤツが入って来て火を着けた方がいい訳ですよ（笑）。

多田　（笑）火も着ける。口だけじゃなくって。なんか、よくしゃべる人が火着けそうにないですもんね。凄くびっくりする。

川上　真面目な商人の面して入って……。

多田　「どうもぉー」とか言って（笑）。そう考えると、今、いわゆる忍者のイメージになっている黒装束では忍び込みにくそうですね。見つかれば確実にバレる。

川上　黒装束は忍者っぽいですからね。今では俗に忍者衣装とか言われてますけど、そんな衣装が存在してた訳でもないんですね。実際はどちらかと言えば「野良着」ですね。「伊賀袴」っていう、伊賀でできた袴。

多田　ああ、伊賀でできたんですか。

川上　だから「伊賀袴」って言うんです。

多田　野袴的な……。下はやっぱり絞れてる？

川上　そうですね。鳶職の「ニッカボッカ」と同じような。あの方が便利だし、動きやすいし。右左が分かれてるんです。ももひきのように。だから思い切り開いても破れないし、そのまま用も足せる。全部脱がなくても。

多田　ああ、人力車の車夫の人がはいてる。

川上　そうですね。あれ。ももひきです。だっていちいち脱いでられないでしょ。

多田　忍者装束はまったくの創作なんですか？

川上　まったくの創作ではないですね。盗賊のイメージからすると、夜の活動をしやすい、という事だと、ああいうような形になろうかと想像できるでしょ。という意味での根拠くらいですね。

多田　頭巾は？

川上　ほおかむりでも別にいい訳ですよね。顔を隠せればいい訳です。でも、いつも顔隠してたらなお怪しいでしょ（笑）。

多田　いざ潜入という時の「いざ」以外はね（笑）。まあ、手ぬぐいくらいにしとかないと。

川上　忍者衣装というか、忍びの衣装というものはね、これって決まったものはないんです。臨機応変、その場に応じて使う、という風になってる訳です。ただ一番多いのは、野良着です。日本中どこにでもあるスタイルが一番怪しまれないし、動きやすい訳ですから。それは今のあの「黒装束」の格好に近いといえば近い。そういう意味では、まあ、間違ってはいない。でも「固定概念」というのは本来忍術、忍者にあったらおかしいんです。

多田　「これぞ忍者」という感じでは駄目なんですね。

第二章　忍者の演出と“くノ一”

一般に忍者が持っていた刀として知られている「忍者刀」は、壁に立てかけて鍔（つば）に足をかけて昇りやすいように「角鍔」、刀身は反りのない「直刀」とされているが……

川上　すぐバレてしまう、という事になるので。なるべく普遍的な方がいいんです。だから刀も、今「忍者刀」とか「忍び刀」とか言われるものがありますけど、「本当にあったんですか？」という質問がよくくるんですよ。あったともなかったとも言い難いんだけど、基本的には、なかった。それは今言ったような事でね、そんなもの差してたらすぐわかるじゃないかという事ですね。じゃあ、まったくそんなもの使わなかったかと言ったら、それもまた嘘になるかもしれない。

多田　忍者博物館に飾ってますよ（笑）。（編注：川上氏は忍者博物館の名誉館長）

川上　それでそういう質問があったんですけどね（笑）。あれはおそらく江戸時代に、好事家、まあ〝好きもの〟ですね。そういう人達が考えたものだと思うんです。角鍔で、そこに足をかけてうんぬんっていうのはね、別に忍術とは関係なくて、普通の武術の心得の中にもありふれて出てくるんですよ。

多田　直刀って振りにくいですよね。

川上　突き刺すだけですね。「短い刀がいい」というのは忍術伝書にも書いてあるんです。長い刀は室内で振り回そうとすると……。

多田　動きにくいですよね。

川上　少なくとも、背中に背負うという事はなかったと思います。

多田　あれはどこから来てるんですか？

川上　普通の侍じゃない、というのがわかりやすいんです。逆さまに持ったり。

多田　確かに。本来は忍者とわからないようにしていたものが、舞台とかになったとたん、「忍者らしさ」という印が必要だから、わざわざ背中に差してるとか。戦う時、逆手に持ったから、忍者だよ、とか。

川上　わかりやすい。

多田　絶対逆手に持つんですよ。なんなんですかね、あれ。

川上　なんであんな使いにくいことを（笑）。それに背負う時、右肩に出している。本当は左なんですよ。

多田　きゃりーぱみゅぱみゅが、ちゃんと左にしてて感動しました。

川上　誰かが教えたんじゃないですか。

多田　あれ、けっこう研究して作ってますよ、「にんじゃりばんばん」。最近、あれのPV観ながら聴くのにハマってるんです（笑）。今朝も景気付けにちょっと聴いて来ました。〝ばんばん〟って（笑）。

川上　（笑）でも実際にあんなもの背中に背負ってたら、コケた時に背中の骨痛めるしね。

多田　言われてみれば、そうですよね。

川上　忍び込んだ時に、縁の下だったら当たってしまう。邪魔になって仕方ないですよ。

多田　背中に背負うのって、佐々木小次郎のイメージがありますよね。

川上　大太刀は背中に背負うんです。やっぱり三尺くらいの野太刀だと背中に背負う。それはもう、左から出せってちゃんと書いてある。

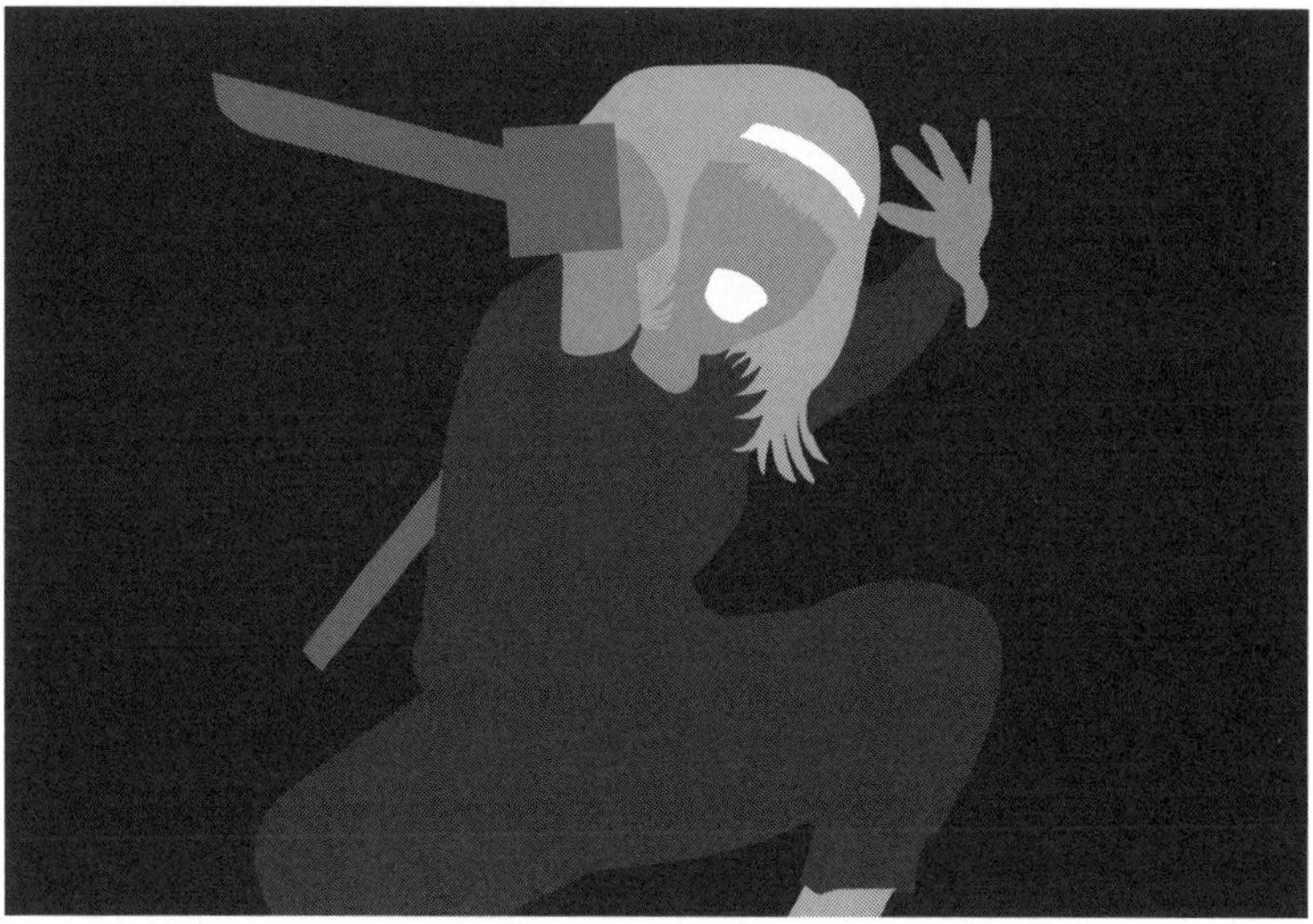

多田　確かに、忍者刀って短いのに背負うって変ですよね。

川上　意味ない。それは侍と区分するためだけですよ。

多田　長距離走る時にかつぐ、とかも、別に腰でいいですもんね。

川上　どうせ小さいんですからね。まあ、腰にあると刀が振れるから、背負った方が振れない、というのはあるかもしれないけど。

多田　でも、刀が振れるのも、今の人の走り方だからですよね。昔の人って体を捻らずにこのままサーッて。

川上　そんなに速くは走れないけど、疲れないですね。だから今は画像、映像で見たイメージが定着してるんです。「くノ一《くのいち》」っていうのもそうですけど、「くノ一」なんて出てくるのも、現代ですよ。

多田　やっぱり、女の子入れといた方が面白い、みたいな。

川上　それと大学の研究の中で発表されているんで

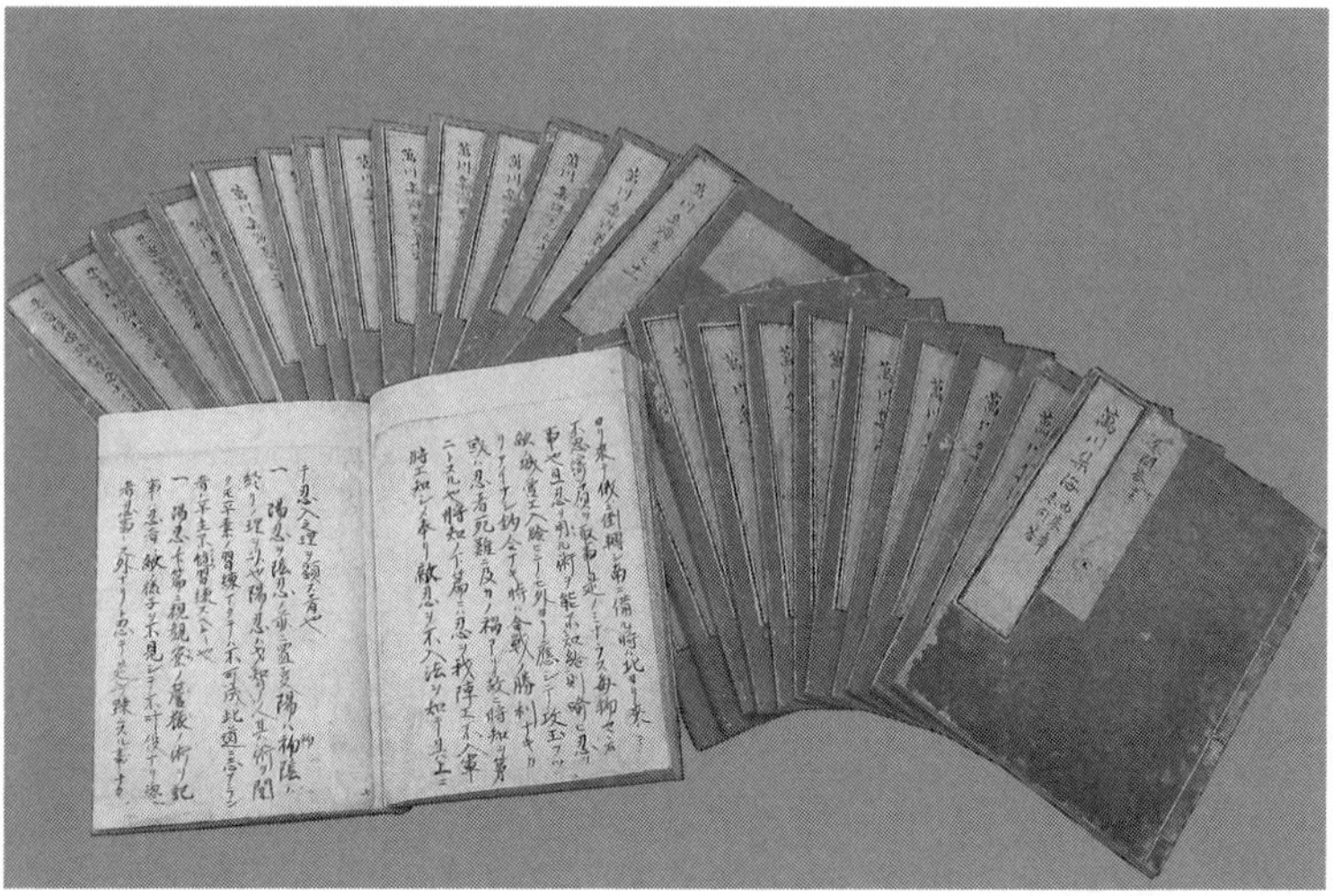

全26冊から成る“忍術のバイブル”『万川集海』。現代にまで忍術の実体を伝える貴重な書。

すけど、やっぱり、女性が社会進出をしてきた時代に、「くノ一」っていうのが出てくるらしいです。

多田　あらゆる過去の職業に女の人がいてしかるべき、ということですかね。

川上　「くノ一」っていう言葉自体は『万川集海』（編注：延宝四年に編まれた全26冊からなる、伊賀甲賀の忍術を集大成した書）に出てくるんです。それで「九一《くいち》」って書いて女を表すというのはもっと古い時代の史料にも出てくるんです。なんで「くのいち」というかは諸説あって、私は「九つの穴プラス一」と聞いたけれども、『万川集海』には「三字を一つにしたもの」と書いてある訳です。これは、「女を間者に使う術」の事なんですよ。忍者じゃない。忍者と間者は違うのか、というとまた微妙な問題があるんですけど、一応私は違うものと解釈してます。

多田　以前、忍者博物館にお邪魔した時に拝見した伝書で、伝承者の名前が記されてる中に、女性の名前がありましたね。

川上　ああーっ、ありますありますあります。

多田　ああいう所からすると、いなかった訳でもない。

川上　松代藩に「甲賀流」「伊賀流」って二つが併記された流儀があって、これは武田家の忍術ですね。山本勘助なんかが出てくるんですけれども、これを伝えた人の中に女性がいる訳です。「聖女」と書いてます。だからおそらく独身でいた女性でしょう。この流儀は、根津っていう家で望月の一党などが伝えたようです。

多田　じゃ、たまにはそういう女性もいた。

川上　まあ、いたかもしれないですね。でもその伝書が残っているんですけど、ほとんど「軍法侍用集《ぐんぽうじようしゅう》」の丸写し。あと呪術です。

多田　ああ、けっこう机上のものとか。呪術は女性も得意ですからね。

川上　それを折衷したようなものを、門弟をとって教えていた所があった、と思われるんです。だからその時代に、山本勘助や横田備中とか、そういったものを流祖にもってきた伝系です。小幡勘兵衛も出てきます。「甲陽流」というような名前で、武芸流派事典では取り上げられてますね。幕末まで伝わっていました。流儀が立てられるのは江戸時代になってからなんです。いろいろな流儀が100以上にもなります。たくさんの忍術流儀が立てられていく訳ですけど、一応筆頭は伊賀と甲賀。この2つほどまとまったものというのを、私は見た事がないです。

多田　忍術だけでそんなにあるんですね。

川上　私はホームページに列挙してるんですけど、それでもまだ、漏れがあるんです。これは兵法の中に忍術心得があるものも入れてなので、純粋に忍術だけとったらもっともっと減りますけどね。古流武術にはほとんどのものに忍術的心得が入っているんですよ。

多田　新陰流もですね。

川上　そういう所を入れるか入れないか、といった場合、私の主観によってやってるんで微妙な場合があるんです。それでも、そこそこ忍術と呼べるようなものを取り上げると、100くらいじゃきかないですね。昔は103流とか70何流とか書いてる人がいたけれども、大した根拠はない。まあ、金儲けできないかなといろいろ起こしたんでしょうね。武術の流儀なんて、何万とありますよ。

多田　確かに、全国に武士が一杯いたら、そのくらい……。

川上　一人一流みたいなのもある。記録上「なんとか流の忍術」とかいう事で出てくるけど、実体が何もわからないものとか、「こんなのがあった」とどっかのじっちゃんが言っているんだけど、本当か嘘かわからない、というようなのもけっこうある（笑）。そういうもの全部含めてですよ。海外に行ったらまた一杯ありますよ。「真田流忍術」とか、「風魔流忍術」とか（笑）。

「くノ一」論からの男女論

川上　でもね、別にいいと思うんですよ。歴史的事実がどうのこうのなんてすぐわかる事ですからね。私はそれはひとつの「忍者文化」だと思う。「忍びの者」じゃなくてね。そういういろいろな入り口があっていろいろな文化があって。赤いキンキラキンの忍者風コスプレとかね。「あんなのおらん」なんて否定したら「忍者文化」じゃない。詮索をしたらいかんですよね。「忍びの者」と「忍者」というのは、分けなきゃいけないと思うんです。「忍者」って言ったら、「忍びの者」を含む全体像だと。

多田　なるほど、文化も含んだ。その辺、言葉を整理しないと。

川上　ごちゃまぜで同じように論じるとね、「戦国時代に忍者はいなかった」とかいう論が出て来たりするけど、何をもって言ってるのかわからん訳です（笑）。「忍びの者」で言ってるのか、現代の「忍者」と言われているアレを言ってるのか。学者は頭がいいから、けっこう逃げにそれを使うんです。「忍者はいなかった」「そんな事ないですよここにある」「いやいや、忍者ってね、現代のアレですよ」と。

多田　ああーっ、なるほど。

川上　私たちが大学を含めて動いているのは「忍者文化」なんです。「忍びの者」を含む「忍者文化」。「忍びの者」と「忍者」は違う。

多田　確かに。でも「くノ一」は女性の社会参加が背景にあったとすれば、ある意味、逆効果ですよね。私、ある女性に忍者の話をしている時に、『くノ一』って何なの？」みたいな事を言われて。その人が言うには「私は時代劇を見ていても、『くノ一』とかが出てくるから嫌なの」と。何が嫌かって言ったら、〝お色気要員〟みたいな。

川上　ああー。

多田　ちょっと、作品の本題とは関係ないけど、「くノ一」をお色気サービスで入れるとか……。普通の時代劇に出てくる女性以上に、虐げられてたりとか、低俗に扱われてたりとか。そういうものもけっこう多いと思うんです。一緒になってさわやかに、体育会系みたいに戦ってるような「くノ一」もいるんですけど。

川上　一応史料の上でも、女性はその方に使う、という事になっているんです。現に「ハニートラップ」は今でも行なわれている訳ですから。世界中で。

多田　実際、合理的な「ハニートラップ」だったらいいんですけど、なんか変な描かれ方もあるような気がするんです。

川上　ありますね。

多田　私は自分の書く小説ではけっこう女の人を出さずに済ませてしまいそうなところがあります。でも、出した方が読者が喜ぶのかなとか（笑）。

川上　まあ、喜びます。

多田　でも、完全に〝お色気要員〟として出してしまうと、そういうものを女性が垣間見てしまって「何なのこれ」ってなるんですよね。

川上　そうかもしれませんね。

多田　考えてみればちょっと不思議ですよね。忍者ですから、もともとの格好自体はそんなにセクシーでもないと思うんです。ミニスカートとかと違いますもんね。「くノ一」にいい思い出描いてる男の子とかも、別にいないと思うんですけど（笑）。

川上　そりゃいない（笑）。

多田　何なんでしょう。「女スパイ」的なね。

川上　そういう「女スパイ」的なものに憧れる人って、けっこういるんだと思います。

多田　でもまあ、本来のあの格好は違いますよね。もっと色っぽい格好でハニートラップしないと（笑）。

川上　そりゃ、そうですよね。

多田　忍び込んでもしようがないと思うんですよ、女の人って。そのまま見つからずに帰って行っても、「じゃあ、男でいいじゃないか」と（笑）。

川上　（笑）いや、女の人を使うのは難しいからね。上手にしないと駄目だっていうんですよ。すぐ裏切るから。

多田　ああー。どういう風に裏切るんでしょう。〝気まぐれ〟みたいな。

川上　要するに女って強いんですよ。だから生きていける。強い方につくんですから。仁義じゃなしに、子孫を残すために。金を持ってるのは強いでしょ。歳とって不細工なんだけど金持ち、みたいなのに絶対つきますよ美女が（笑）。おかしいでしょ。それは強いからですよ。権力があるとかね。

多田　まあ、男女問わず、そういう性格の人っていますけどね。男の人って自分を鍛えるのがメインかもしれないけど、女の人って〝選ぶ〟のが要求されますね。

川上　それによって人生決まってしまう（笑）。今の時代はまた昔とは違うけども、ついこの間まではそうでしょう。

多田　逆に言うと、一代で大出世もできる訳なんですよ。

川上　そうそう。「玉の輿」とかって男にはあんまり使わない言葉。

多田　「逆玉」とか。

川上　「逆玉」とか言うけど、「逆」でしょ。普通使わないですよね。ちょっと違うんですよ、意味合いが。男性から言ったら「とんでもないヤツ」みたいになるかもしれませんけど、女性からみたら「そんなの当たり前でしょ」みたいな（笑）。

多田　その、途中で裏切られた人からすると、自分の所には「心」で来ていたのに、お金を与えられて裏切った、って思ってるかもしれないですけど、自分の所に来た時にも、実は、お金とか力のために来ていたかもしれない。

川上　かもしれない。そこでなぜ男性はだまされるのか、とか言いますけど、それも重要な「種の保存の法則」。

多田　そうなんです。男の人が、女の人が来てるのに「いやいやこいつは俺のお金目当てだ」なんてばかり思って、ずっと好きにならなかったら、困る。人間が滅びる、みたいな。

川上　そうそう。釣り合いなんです。バランスなんですよ。でも究極は、そういう部分があると、古伝では言われている。もう今では古いかもしれないから「古伝」って言っとくけれども。

多田　男の人と女の人では、だいぶ感覚が違いますからね。男の人が、女の子の心をガッチリつかんで裏仕事に使うなんて、容易なことじゃないと思います。男同士のほうが、相手の意図とか行動も読めるし、問題なくやれるってことなんでしょうね。けっこう男の人って、男の人好きですよね。男の人に必死で仕えたりして。

川上　ああ、そうかもしれないですね。

多田　無茶ブリとかされても必死にこたえたりするのって、けっこう好きじゃないですか（笑）。でも女の人に、男の人がそういう風にふったりしても……まあ、初めのうちは頑張るにしても、疲れてきて我に返ると、「何でこんなことしなきゃいけないの？」みたいな（笑）。この話、こんなに時間とっていいんですか（笑）。

川上　（笑）

忍者は〝普通〟で目立たない！

川上　まあでも、女性がスパイには向いてないのは事実でしょうね。

多田　なじむのは得意そうですけどね。

川上　そうですね。それに女性は忍耐強いんですけど、おしゃべりでもあるし、現代はともかく、昔はあんまり素養はなかったでしょうね。だからなおさらそんな存在はなかったと思います。皆さんが思うような「くノ一」は、江戸時代以前にはなかっただろうと。

多田　江戸時代の、歌舞伎とかでもあんまり出ないですかね。

川上　出ないですね。間者みたいな事はしますよ。ちょっと様子を探ったり。

多田　それはがっちり「忍び」だ、などとは言わずに。

川上 要するに色気を使って、情報を得てくるとか、そういうものは記録に出てくるんです。でも「忍びの者」としては出て来ない。たぶんそういう使い方はあんまりしなかったんだと思います。そういう時代ですからね。女社会じゃなく完全に男中心の社会ですから。でもまあ、「忍者文化」って言ったら、「くノ一」と称するものがないとね、「文化」にならない。

多田 コスプレの世界には不可欠です。それで、忍者装束が色っぽくないから、ノースリーブにしてみたりとかね。

川上 わざわざ足出したり（笑）。だから忍者博物館の忍者ショーでも、短い衣装にしてるでしょ。

多田 はいはい。

川上 忍びの者本来の装束を着てたら、色気も何もないんですよ。

多田 モンペみたいな。

川上 そうそう、モンペみたいなんですよ。

多田 あれ、なかなかスタイルもよく見えないし、難しいんですよね。

川上 いくらスタイルがいい人が着ても、駄目でしょう。

多田 そうですね。

川上 そうするとやっぱり、腕出して、ミニスカートもどきみたいなものの方が、やっぱり「これがくノ一だ！」っていうのには、視覚的にいい訳ですよ。それが忍者文化で、いいんじゃないかと思うんですね。それを「そんなもんないで」とか言ってしまったら、全然始まらない。

多田 そうなんです。ああいうのを本当に着てたら、蚊が食いまくり（笑）。

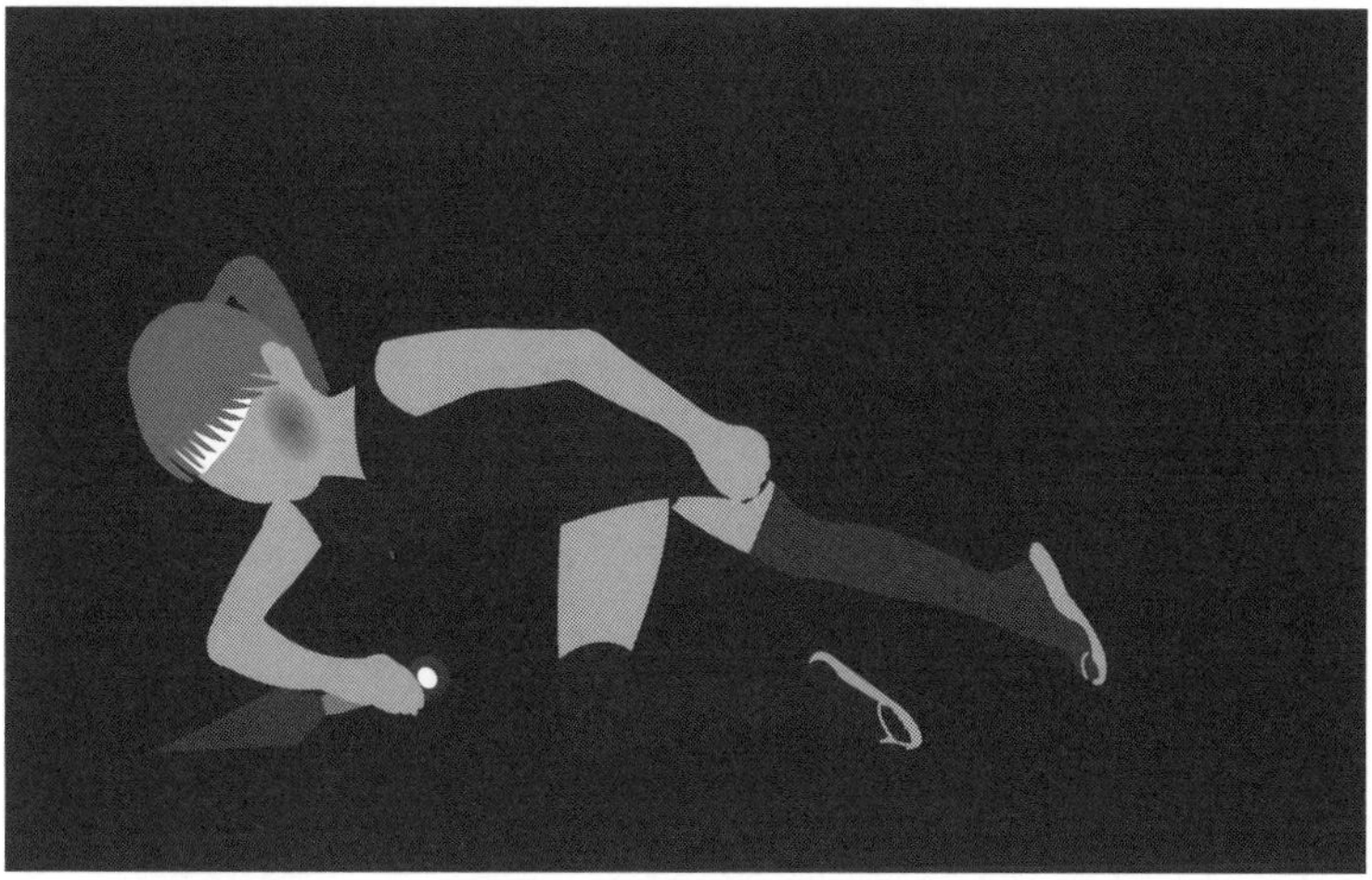

川上　（笑）。

多田　山の中走り回ったら、切り傷とかで、ムチャクチャになりますよ。

川上　実用的に言ってもそうですね。それに、固定観念に囚われないというのは一つ、大事なところですね。そういう意味でも忍びの者は〝いかにも〟という格好はしていない。

多田　自分が忍者だっていう事もいったん忘れなきゃならない。

川上　かもしれないですね。自分がそう思うと、目に見えてしまう、というかね。緊張感が出てしまう。それをなくすのは、なかなか難しい事だと思います。

多田　現代人も、普通に見てても〝職業感〟がすごく出てる人っていますよね。学者さんでも、〝いかにも学者さん〟みたいな。

川上　ああ、はい。

多田　物書きの人でも、まあ、有名な人でテレビで目にしたりしてるからそう思うのかもしれないけど、いかにも、そういう感じの人っていますよね。〝いかにも忍者〟みたいな人っていうのがどういう人かわからないですけど（笑）。

川上　わからないのが忍びの者ですからね。「常の形」が一番大事だという。

多田　私、時代劇で気になるんですけど、とくに「くノ一」も多いですけど、やたら、不思議なくらい鋭い目とかするじゃないですか(笑)。なんかそれ、おかしいと思うんです。そんなに力んだら自分の〝センサー〟としての働きが、損なわれると思うんです。

川上　そうですね。

多田　もっと、落ち着いた感じであるべきじゃないかと（笑）。

川上　本当はね。そう思いますね。

多田　こんな風にして（キッ！）。ばれるばれる（笑）。

川上　(笑)。緊張するとそういう風になりますよね。でも、そうすると視野が狭くなってしまう。

多田　あれたぶん、それこそ舞台上の黒装束じゃないですけど、そういう目をする事によって、「これ、くノ一」だよと。やっぱり忍者って鋭いんじゃないかとか。そういうのですかね。

川上　そうでしょうね。らしい姿じゃないと、見えないですからね。剣豪だって、凄いイメージがありますよね。武蔵みたいなイメージが。

多田　時代劇で、本当に忍術や武術の達人を表現するには、どうしたらいいんですかね。さりげなくしたら、まったく視聴者に伝わらないじゃないですか。

川上　ああ、本当にそうですね。文章にするとなお難しいですね。

多田　でもまだ文章の方が、「まったく何気ないように見える」と書いた上で、でも身体の中の感覚はこうで、

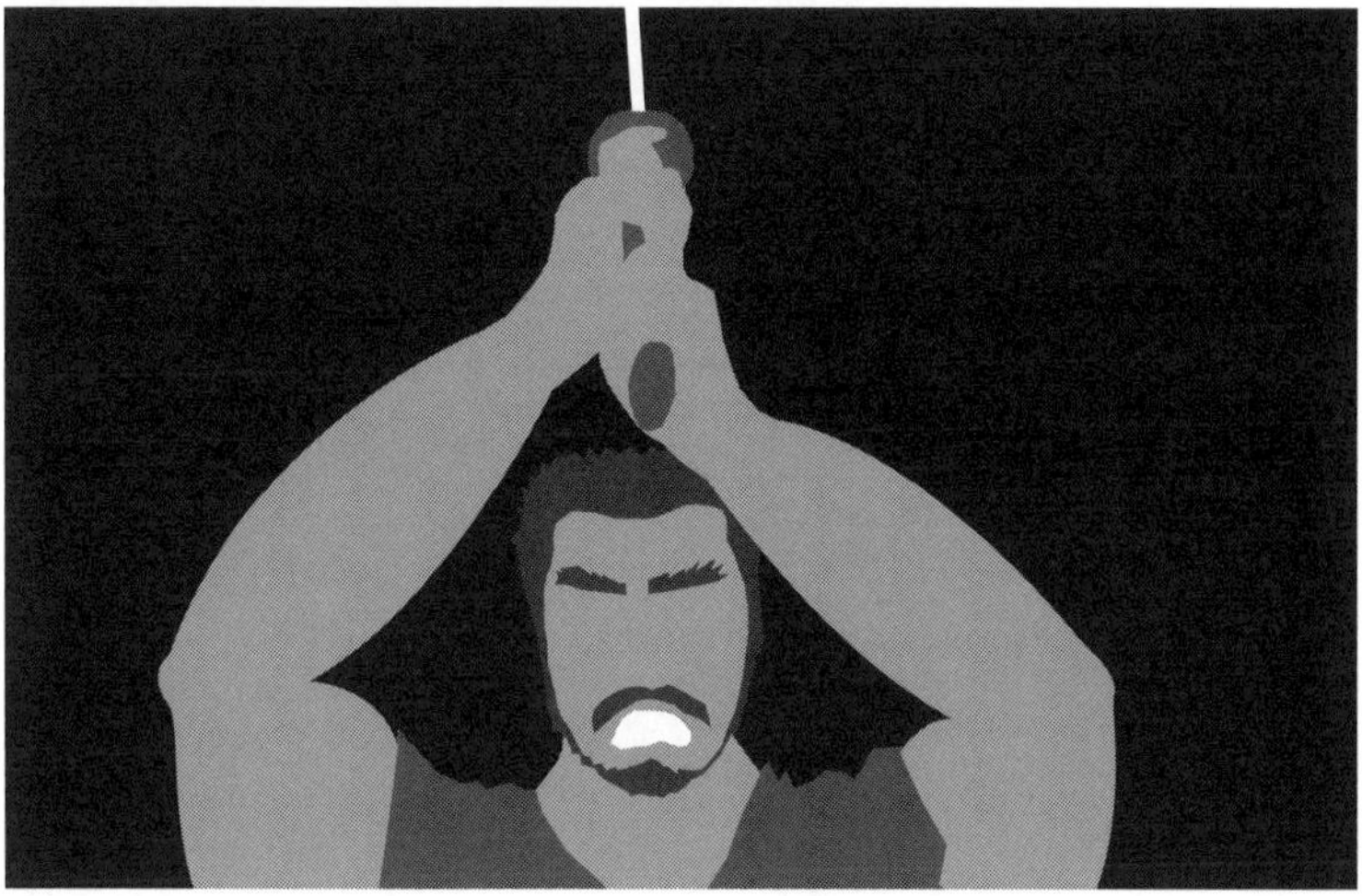

とか、達人の目から見ると、普通は力みそうな所が力んでない、とか、いろいろ書き足せますけど、映像だけだと……。たぶん、目の肥えた人だと、いい演技すれば見て取れると思うんですよ。武術をやってる人だったら。でも、一般の人にも「凄い」って思わせるのって、本当難しいですよね。

川上　確かに難しいですね。プロレスラーは筋肉付けて、立派な体でリングに上がるでしょう。あれも目で見てすぐ伝わる、一つのエンターテインメントですよね。

多田　確かに、普通のお兄さんが出てきて戦いだしても、なんか……（笑）。

川上　誰も見ないですよね、そんなもの。雰囲気をその場に合わすっていうのはある面では必要だけど、忍者はね、本来、目立たない。それが一番なんです。「その功、天地造化のごとし」（編注：『万川集海』に記されている言葉で、「天地自然が存在しているように、誰の仕業かわからないが為されている」事の意。）って言ってね。それじゃ絶対見えないです（笑）。

多田　確かに。

川上　悟られない、というのが一番理想とされますからね。

忍者は悪者?

多田　いわゆる忍者装束と言えば黒ずくめですけど、まあ実際は別として、なぜ真っ黒になっていったんですかね?

川上　これ、私の研究じゃないんですけど、三重大の吉丸雄哉先生っていう近世文学が専門の先生がいらして、その先生の説によると、江戸時代の演劇では、悪い事をする「盗賊」は黒いのを着てるらしいんです。だから「忍びの者」は黒い物を着てるんです。最初は普通の服だったみたいですけど、だんだん黒になっていきました。これは根拠あるんですよ。史料から調べてのものですから。

多田　江戸時代は本当の盗賊が黒を着てたんですか?

川上　あくまでイメージです。歌舞伎とかであれは悪いヤツだってすぐわかるように黒いものを着せたらしいですね。演目上。それから忍者は黒装束という事になったらしいです。

多田　なるほど。

川上　忍者は舞台上では長らく〝悪者〟でしたからね。それから、忍者も黒っていうのが、非常に説得性のある説ですね。

多田　私も吉丸先生のお話からなんですけど、今の忍者ものの話って忍者同士が戦うものとかが多いじゃないですか。「善玉忍者対悪玉忍者」「伊賀対甲賀」とか。でも江戸時代はほとんどの話が侍が正義で忍者が悪者で、忍者が変な事とか悪い事とかをする……石川五右衛門とかもそうでしょうけど。忍者はけっこう悪役の位置づけで、侍対忍者という話が多かったらしいんですよ。

川上　盗人で盗賊です。「飛び加藤（加藤段蔵）」というのが忍者本によく出てくるでしょう。飛び加藤という忍者がいたかのように。あれは架空の人物ですけどね。どうも説としては中国の古典からとったような。

多田　そうですか。大岡裁きとかもそんなような。

川上　そうですね。種本があるような。で、その初期の絵草紙があるんですけど、それは普通の服を着てるんですよ。で、忍び込んでいく訳ですね、忍びの者ですから。でも、黒装束ではないんです。

多田　現代の時代劇では、善玉が忍者の場合もありますけど、敵が刺客とかを送ってくる時の忍者って、けっこうグレーとか、そういうのですぐわかるようにしてますよね。現代物だったら主人公が黒だったりするから。グレーとか柿色とか。

川上　ないね。個性があると、どっちがメインかわからんようになるから（笑）。

多田　悪役時代が長かった忍者ですけど、今やヒーローとして扱われる事が多くなりましたね。

川上　何なんですかね？『忍びの者』（編注：１９６２年に単行本発行。映画化も同年）の時代は、少なくとも、まだヒーローじゃないですよね。

多田　ああーっ。ちょっと、ねえ。暗いですもんね。

川上　昭和30年代、以降でしょうね。40年代に入ってからかな。

多田　アクション集団になったのは、『影の軍団』かもしれないですね。で、頭は三角のをかぶって…みたいな。あれが定着したのは『影の軍団』じゃないですか。

川上　『忍者部隊月光』っていうのもありましたよ。それは忍者っぽくないいんですけどね。なんか、特殊部隊みたいな格好してる。それは昭和30年代。

多田　赤影、白影って、私はちょっと記憶薄いんですけど、あれって、ヒーローっぽくなかったんですか。

川上　ヒーローだと思いますけどね。

多田　じゃ、40年代にはなってますよね。やっぱり、けっこう最近なんですよね。

川上　正義の味方的イメージはね。

多田　明治大正はやっぱり、まだなかったんですか。

川上　自来也《じらいや》ものとかね。妖術使いですね。

多田　超人ではあっても、正義の味方じゃなかったかもしれないですね。善悪はともかく、主人公には、なれたということですよね。五右衛門にしても。自来也はいまいちどういう位置づけか……主人公は主人公なんですか。

川上　主人公ですね。

多田　あれ、追いかけてる人たちは何なんですか。

川上　私もよく知らない（笑）。

多田　なんか、捕方みたいな人が追っかけてますよね。消えて蛙になったりとか。

川上　そうですね。あれ、〝三すくみ〟になってるんです。（編注：自来也は蛙に変身でき、綱手姫はナメクジに、大蛇丸は蛇に変身できる。）

多田　一時、戦後かくらいに、ヤクザものとかがヒーロー、みたいになりましたよね。「悪名」とか。ああいう、悪いけど、格好いいし、主役である、みたいなのがけっこう、忍者以外でも増えていた気はするんですよね。単純に、誰かにやっつけられるショボい悪役じゃなくて、その人達の世界を掘り下げて扱う、みたいな。なんか、そういうあたりの後くらいから忍者も……。まあ、別にヤクザもの的位置づけとは思わないですけど。伊賀の人と話してるとけっこう聞く話は、本当につい最近まで、忍者の子孫の方とか、なるべく知られたくないとか。伊賀っていったら、忍者だね忍者だね、とか言われたら……、今はもう、ブランドで、格好いいし面白い、みたいになってますけど、そんなのけっこう最近の話で、昭和くらいでも、あまりそんな忍者忍者ばっかり言われたくない、みたいな感じだったそうです。

川上　『カムイ外伝』とかね、白土三平の世界とか、あったでしょ。『忍びの者』とか。なんか忍者は、冷酷なイメージとか、差別された人たちのイメージとか、そういう底辺層のイメージがあったんですね。革マル派とか赤軍派とか言われていた時代が背景にあるんですけどね。そういった時代に、そういうものとして取り上げられている訳です。「下忍」とか「抜け忍」とか訳の分からない言葉を使いながらね。そういうイメージに取られたくないっていうのはあったでしょうね。私たちは侍だっていうのがあってね、そんな盗賊、下層と一緒にされたくない、というのがあったみたいです。

多田　そういう暗い感じを払拭して……、なんて言うんですかね、「明るい」は言い過ぎかもしれないんですけど、超人的で正義感もある、素晴らしいヒーローみたいになったのは、やっぱり『影の軍団』は大きい気がするんですけど。

川上　日本ではね。あと、大きいのはアメリカ映画ですよ。ショー・コスギとか。ニンジャ・タートルズとか。

多田　漫画やアニメはすごくいろいろありますね。『忍たま乱太郎』とか、ああいう作品のおかげで、なんて言うんですかね、〝エグさ〟が取れましたよね。

川上　殺伐とした暗いイメージね。
多田　ふわっとしたので子供の時からＮＨＫとかで観てると、もはや、「いつそこに来るか分からない怖い人」、みたいなのじゃなくなりますよね。
川上　ただ、欧米人が見るイメージはまた違うと思うんですよ。
多田　そうですね。
川上　特殊部隊とか、そういうイメージでとらえている人が多いと思います。より、かつての忍びに近いイメージかもしれないですけど。
多田　今後、どうなっていくんでしょうね、忍者のイメージは。やっぱり、川上先生のご発言にかかっているような気が（笑）。
川上　いやいやいや。
多田　プラス、我らの作り話とかにも多少かかってる部分があるかもしれないですけど。
川上　忍者って、時代時代によって姿が変わってる訳です。江戸時代にすでに変容してる訳ですよ。明治になってもまた変わって、大正、昭和の初期、中期、それから戦争中ですね。それから、昭和30年代、高度成長期。それから安定した時代になっていって、全部その時代と場所によって、忍者イメージというのはずっと変容してきているんです。それら全部含めて、忍者の文化なんです。よくわからない、ミステリアスな所があるから、そういう風にできてくる訳ですね。カチッとわかってしまえば、そういう余裕はないんです。

多田　確かに。今、そういう意味では、ちゃんと史料を見直そうという動きと、コスプレみたいな完全に楽しもうという世界と、どうなっていくのか。

川上　両方ないとね、私は駄目だと思ってるんですよ。実体は実体として、学問として調べて研究しないといけないし、文化としてああいうものを否定してはいけないです。あんなものなかったとか、非常に狭い発想で、それは文化にならないでしょう。江戸時代にすでに変容してる訳ですから。だから、そういう文化なんですよ（笑）。それが続いてきているし、世界でも行なわれている。世界でも変容してる訳ですね。

多田　そういう意味では、忍者のフィクションとかイメージの作られ方によって、その時代のカラーがわかるとも言えますね。

川上　そうなんです。さっきの「くノ一」の話でも出てましたけどね、それによって時代を逆に探る事もできる。■

第二章

忍者の情報収集術

世話をするより世話になれ！

川上　忍びの者にとって情報収集は本当に重要任務なんですけど、これにも独特の教えがあります。それは要するに「Ｈｏｗ（どのように）」じゃなくて、「Ｗｈｏ（誰）」を知るかだ、という事を昔習いました。

多田　ああーっ。

川上　誰がどういう事を知っているか、その「人」の事を知るのが大事だと。

多田　で、その人と友達とかになっていけば。

川上　そうそう。的外れな人にあたってると、無駄になる。それも大事な事ですね。

多田　情報は人間関係からですか。そこでも普通で目立たない事は役に立ちそうですね。やっぱり、話し方とかも、クセがあると情報って取りづらいでしょう。

川上　そうだと思いますね。当たり障りない無難な感じだと、意外に上手くいく。なんかとてもやり手のように見えるとね、「これ使ってなんかするんじゃないか」と警戒される。あんまり大した事なさそうに見える方が、簡単に話してくれる可能性が高いですよね。

多田　人に気を許させるとか、ほぐすのって、本当に独特の技術ですよね。

川上　そうですね。非常に難しいです。初対面からは難しいから、まず、人間関係を作れ、という風に教えられているんです。

多田　なるほど。

川上　その上で、狙いをつけた家には、まあ、単純な事なんですけど、「その家の前で腹痛起こせ」、とかね。

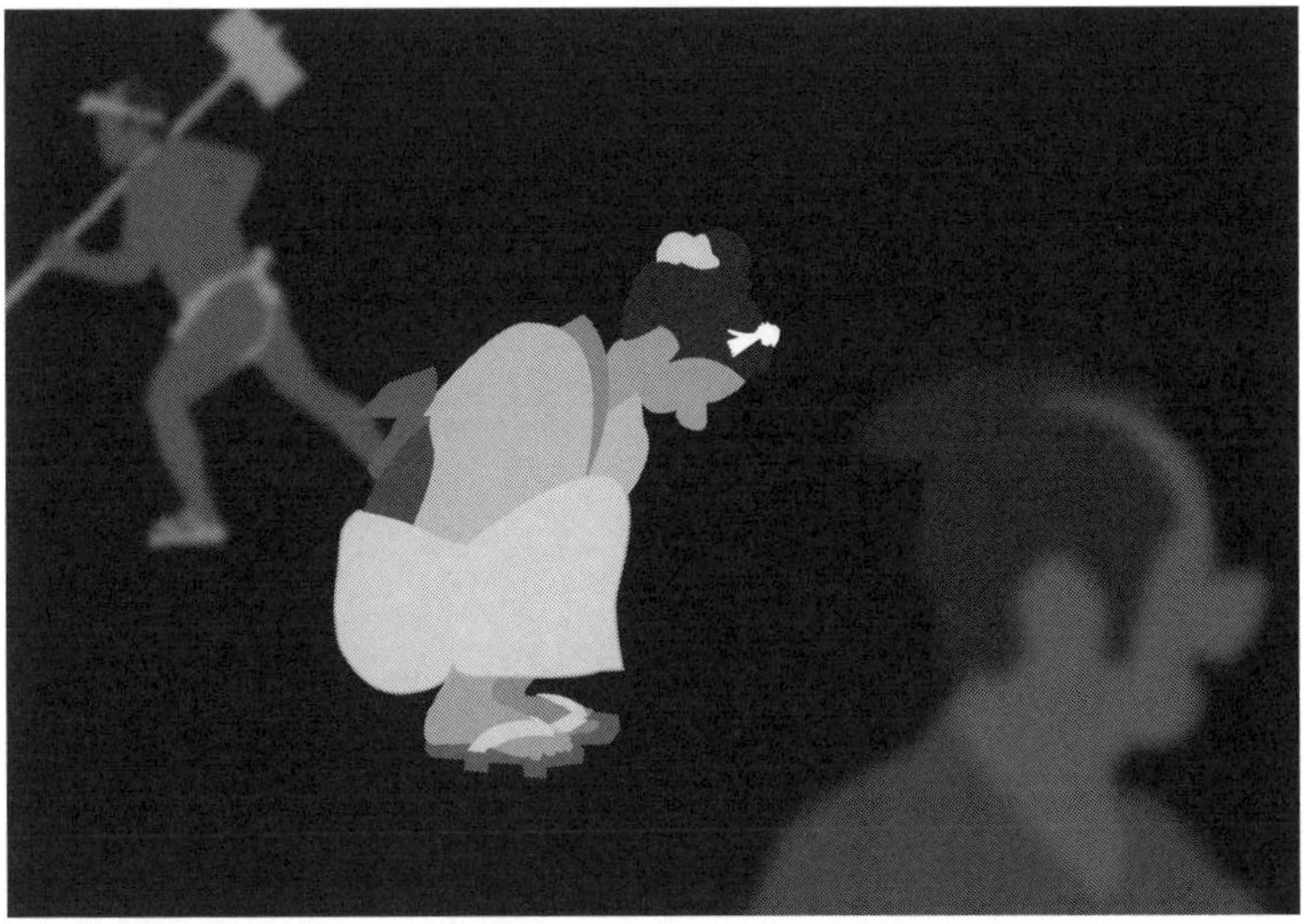

それは一つのシンボルとして書いてあるだけですけど。要するに何らかの縁を作るという事ですね。そして、必ず世話になるように仕向ける。世話になったら、必ずお礼をしなきゃいけない、というのが日本の慣習でしょ。そこで一回往復があるので知り合いになれる訳です。それでまた一年経った時に「近くを通りました」と。それで人間関係をあっちこっちに作れ、という風になってる訳です。

多田　凄く面白いと思うのが、恩を受ける方がいい訳ですよね。

川上　まずはね。

多田　なんか、現代的な人だったら、いい事してあげたりした方が関係を築けると思いがちだと思うんですけど。

川上　警戒されますよ。

多田　そうかもしれません。人間、やってあげた方が気持ちいいし、まさか相手に乗せられてるとは思いませんからね。

川上　相手じゃなくて、私の意志だって思うから、怪しまれないでしょ。

多田　なるほど。

川上　逆だったら、怪しいでしょ。

多田　急に物をくれたりしたら、怖いですよね。

川上　なんか困っていたからやってあげて、そうしたら、律儀にもまた挨拶に来た、と。

多田　全然気分悪くないですね。

川上　悪くないでしょう。それで、世間話して帰る訳ですから。そして時が経ったらまた接触して。そういうものを日頃から作るように、という教えになっているんです。だから、やっぱりお金がかかるんですよね。

多田　（笑）確かにね。挨拶して回らなきゃならないし、お礼して回らなきゃならないから。

川上　それは今だってね、いろんな社会でやってるでしょう。日本の文化そのものでね。改めて聞くとああ、ホントだな、となるけど、皆日頃からやってるんですよ。

多田　狙いがそんなになくても、やってる訳ですね。

川上　お歳暮とか、外国だってあるでしょう、誕生日プレゼントとか言って。意味合いは違いますけどね。同じような、人間関係を作る方法というのは、どこにでもあるんです。

多田　そうですね。

川上　与えないと与えてもらえない、というのもあるんです。だから、情報は必ずちょろっと出して、ガバッともらう。何もなしに一方的にとろうったって、大した情報は得られない。

多田　確かに、人と話していても、「自分もこんなことで悩んでてね」とか言ったら、凄く返してくれたりします。
川上　心を許すからね。利害関係が一致するとなおさらですよ。
多田　私は人によく相談されるんですけど、自分がよく悩み事を言うからかもしれない（笑）。
川上　（笑）
多田　気付いたら相談されてます。自分が愚痴ってたつもりなのに、いつの間にか相談されてたみたいになります。
川上　相談される方が、嬉しいんですよ。だからあえて相談を持ちかけるっていうのが、人間関係を作るコツ。これ、出世の秘訣らしいですよ。私はそれ大嫌いでできなかったけど。
多田　ああーっ。
川上　本当は知ってるくせに、「先輩、これ教えて下さい！」って。「こういう事だったのか、さすが先輩だ！」とかね。そんなヤツいるでしょう（笑）。
多田　ああーっ、私もそういう感じの頼り方はできないです（笑）。中学生くらいから、人の相談に乗る方が多かったです。
川上　でも、しらじらしくできるヤツって、必ず出世しますよ。
多田　そうかもしれませんね。でも、私も人から教えてもらうことはよくあります。さすがに最近はちょっと隠すようにしてますけど、実は私、すっごい物を知らないんですよ。本当に知らないんです。
川上　（笑）

多田　それはもしかしたらよかったのかもしれないです。いろんな方に教えてもらった時、本当に知らないから「へぇー！」って。

川上　教える甲斐が出るんですよ。

多田　けっこういろんな方に、教えていただいて。

川上　それはもう、一番出世しますよ。

多田　そうですか。相談はもちかけてないですけど。確かに、今くらいの歳になると自分がちょっとアドバイスして上手くいった子って、かわいいと思いますね。

川上　そうでしょう。ういヤツなんですよ。

多田　そうかあ。

川上　それはもう、もって生まれた性格っていうのもあるんでね。

多田　なんか、変に頼ったら迷惑かなと思ってしまうんですよね。

川上　考えすぎですよ。下手な考え休むに似たりでね。頭のいい人はすぐ考えすぎるんですよね。意外とあんまり頭のよくない、レベルの低いのが、そこそこ出世するんです（笑）。

多田　確かに、素直に必要な時にバンと頼める人って、強いですよね。

川上　強いですよ。

多田　それで、邪気がないと、悪い気しないんですよね。しょうがないなあ、と言ってやってしまう。

川上　超大物にはなれないけどね。そこそこまではいける（笑）。

多田　ありがとう、とか言われたらね、もうそれでいいかなと。

川上　子供だってそうでしょう。「お父さ〜ん」だとかなんやかんやと寄ってくる子は、全然寄って来ん子より、絶対かわいいと思いますよ。

多田　そうなんです。私、小、中学校の時に嫌いだった言葉が、「手のかかる子ほどかわいい」。私、先生とかに一切手がかからない、まあ、ほとんど演技ですけど、優等生だったんです。実際には、超マイペースで、先生とは違う意見をもってましたけど。勉強嫌いな子がカンニングしたいと言ったら、全部見えるように答案用紙を置いてあげたりとか（笑）。

川上　（笑）

多田　だから「手のかかる子ほどかわいい」という言葉が、凄く嫌いだったんですよ。どうせ私はかわいくない、と。

川上　（笑）

多田　別に、適当に委員とかもするし、便利な子だけど、絶対かわいくないいんだろうなってずっと思ってました（笑）。あと、個人的に先生の所に話しに行ったりとか、ほとんどしなかったんですよ。

川上　そうすると、かわいがられないんですよ。「先生これ教えて！」って行かないと。

多田　逆に授業中に先生が説明している途中なのに、ちょっとわかったりしたら隣の子に「あれ、こうやで」「ほら！」とか言ってる。最悪な子でした（笑）。

川上　（笑）

多田　それも先生にバレてなくて、いい子だと思われてる。

川上　それは上手なんですよ。

多田　いやいや。

川上　バレてしまったら、全然、駄目ですよ。

多田　本格的にかわいくない子になってた（笑）。

川上　そうそう（笑）。

多田　だからあんまり印象のない、手のかからない、よくわからない子、で終わっていくような感じですね。

川上　先天的なものってあると思いますよ。あと、育った環境とかね。

多田　向き不向きですよね。

川上　そういうのが歳いってくるとわかるようになるでしょう。そんな中学、高校くらいの時に聞いたってね、そんなの嫌なヤツになりますよ。

多田　確かにねえ。ちょっと話が変わるかもしれませんけど、私がまだ二十代の頃、たまたま友達の知り合いで、遊びじゃなくて、紹介されたみたいに出会った女の子がいたんですよ。その子としばらくしゃべっていて、「私、友達になってほしいねんけど、なってくれる?」って言われた時に凄くびっくりしました。えっ、そんなん言われてなるもん?って（笑）。

川上　（笑）

多田　たぶん子供とか若者の世界って、知らない間に相談し合ったりとか、いろいろしてると思うんですよ。しらじらしくなったら、おしまいですもんね。

川上　もの凄く嫌みなヤツになるんですよね。だから、自然にできるっていうのは、やっぱり先天的なものが一番大きいかもしれないですね。

多田　いまだにですけど、関西人ってしらじらしいの嫌いじゃないですか。ほめるのでも。

川上　けなしてもほめてる、みたいな。

多田　ああ、そうですね。ちょっとけなすの、ちょいちょい入れとかないと距離が縮まらない。

川上　すぐ「アホ」言うでしょ。

多田　「アホ」って言い合って喜んでる人達とかね。私、ちょっとそこまではなれない（笑）。そこが生粋の、何代も続いた大阪人とちょっと違う所かなと思いますけどね。

川上　東京で「何言ってるバカ」とか言ったら、怒るでしょう。

多田　そうなんですよ。

川上　そういう地域性があるので、一概には言えないですけどね。やっぱり、人に取り入っていくっていうのは、重要な要素ではある訳ですね。

多田　頼られて、感謝されるのがけっこうツボかもしれないですね。

川上　一番入り込みやすい方法ですよ。
多田　それと、自分より弱い立場の人って、疑いにくいですよね。
川上　そうですそうです。目をかけられやすいんですよね。すると、勝手に情報を与えてくれる。

情報を得るために欠かせないもの

多田　昔だったら伊賀とかが〝国〟ですけど、忍者って他の国に行って、その国の方言を覚えたりして、使ったりしたみたいなんですね。その発想からいくと、英語とか、海外の言葉とかもやるんじゃないかと。
川上　今のスパイ教育は語学を重視するでしょ。でないと情報を取得する事ができないですよね。だから、現代に、かつての「忍びの者」みたいなのがいるとしたら大変でしょうね。飛行機も操縦できないといけないし、言葉も何カ国語も話せないといけない。
多田　パソコンとかもハッカーみたいに使えないといけない。
川上　そんなのいないです。できない。現代はもう、非常に複雑でね。
多田　でも、川上先生もかなりいろいろされようとしたみたい（笑）。
川上　努力はした（笑）。
多田　技術者でいらっしゃったんですよね。
川上　まあ、電気、ですけど。それはもう、なんとなくですね。当時流行ったから（笑）。私の時は、オリンピックが終わって、高度成長に突入する時代なんですよ。技術者不足になるんです。そういうものの要

求が社会的に多かった。給料も公務員と比べたら、桁違いに多かった。でも本当は、大学で中世専門で、史学の教授になるのが私の夢だった。

多田　そうなんですか。

川上　だから私の友達は「今、夢かなったんじゃないか」って（笑）。

多田　確かにそうですよね。いろいろ回り道でご苦労もされたかもしれないけど、こちらからすると、なんか最初から歴史の関係の学者さんで、本当の忍術もされてたっていうのも、それはそれでいいんですけど、やっぱり、一般企業にお務めだったたっていうのが、よけい本当の忍者だなっていう気がするんですけど（笑）。

川上　その方がよかったかもしれないですね。学者の世界っていうのは、またその世界があって。会社っていうのは要するに利益を追求するところでしょ。一円、一秒を金に換算する訳ですからね。だから、金にならん事はしない訳ですよ。一円のものだったら、五十銭、四十銭でどうやって作るか、と考える訳です。だから、金、金、金ですよね、言うなれば、会社っていうのは。たぶん出版社も一緒だと思いますけどね（笑）。金、金って言うと文化にならないから、「いや、文化を作ってるんだ」って言わなきゃならない（笑）。それは〝大義〟ですよ。忍者も大事なのは〝大義〟なんですよ。殺人や放火や流言飛語や、情報を取ってくるって言ったら、聞こえが悪いですよ。そうじゃない、和である、とこう言う訳です。

多田　（笑）

川上　私は、忍術というのは、戦うもんじゃないんだ、っていうのがメインなんですよ。

多田　そうですね。最小限の損傷で……。

川上　お互いに共存共栄していくために我慢が要るんだ、という事なんですよ。それは何かというと慈しみなる仁というものが、大事になってくる。それが忍術、でそれを行なうものが忍者である、という風に位置づけてる訳ですね。一般的には部分だけを取り上げて、戦ってるイメージとか、情報だけ取ってくるイメージでいってしまうけど、そういうものでなくて、それは何のためだっていうこと。金儲けではない訳です。自存、自栄、共栄のため。だって、甲賀、伊賀、そうでしょ。自分のところから外へ取りに行った事ない。

多田　確かに、領地は広げないですね。お金くらいは取ってきたとしても。侵略的な発想はないんですよね。

川上　それが伊賀、甲賀の大きな特徴だったと思うんです。

多田　その、忍耐とか、人に合わせたりして和を築くとか、そういうことは重要だと思うんですけど、感情とかについては、どんな感じで……。単なるイメージとしては感情を抑圧してるようなことになるんで

すけど、ただただ抑えていても、もたないですよね。
川上　それは、そんな風にすると、かえって怪しまれるでしょ。
多田　ああー、なるほど。欲とかもなさすぎても。ちょっと俗な人間だっていう部分もあったりとか。
川上　「心結び」とか言ったりする伝があるんですけど、これは相手と会話をするっていう事です。酒はいまだに使われるでしょう。営業とかで。あれは、本質を聞こうとするんですよね。与えないと、もらえない、っていうんですよ。
多田　ああ、じゃあ、自分の感情を見せないようにしているようでは、人の感情も取れない。
川上　取れないし、情報も取れないし。秘密も聞き出せない。撒き餌と一緒ですね。餌がないと、獲物は取れない。何にもなしに取るだけだったら、最初の一つは取れてももう二度と取れない。
多田　確かに。じゃ、そんなに必要ではない情報とかあげたりしながら……。

川上　そうです。伊賀、甲賀のものが信用できないっていう風に書いてるものが江戸時代にあるんですよ。それはなぜかと言うと、要するに、敵のところに必ず親戚やら知り合いとかがいて、お互いに情報交換する訳なんですよ。こちらの情報も言うし、あちらの情報ももらう。使ってる方からみるととんでもないヤツですけどね。関係ないですよ。生きてくだけですから。そこが、普通の侍とはちょっと違う所なんです。

多田　同族とかの間では、たとえ敵方であっても、けっこう漏らしたりするんですよね。

川上　もう、一杯漏らしてるんですよ。

多田　だけど、まったく関係ない人とかにつかまったりした時は、話さないですよね。

川上　それは話さないでしょう。得にならなかったら。

多田　なんか、忍者は死んでも秘密を守る、みたいなイメージがあるじゃないですか。

川上　いやいや、まあ、そういう風に書いた人もいるでしょう。だからそういう風に信じられているんであって、実はそんな事はない。ただ、契約っていうものがありますよね。約束です。それをべらべらしゃべっていたら、二度と仕事来ませんからね。そういう時は死んでも守るでしょう。だから、腕がなくなっても、目の玉くりぬかれても帰ってこいっていうことになってる訳ですよ。生きていかなかったら、意味ないから。だから、死んでも使命を果たす、という風に書いているんですけれども、それはそういう意味なんです。誰かのためじゃない。自分のためです。一族のため。

多田　だから、敵方にいる一族とは話す。

川上　そうそう。

多田　でもそれで知らなかったフリで、また仕えてる訳ですよね。

川上　でも、知ったヤツがいるんでしょ。それを知ったヤツがいるから、書かれる訳です。

多田　で、信用できない。

川上　信用できない、って書いてある。忍者の方にも書いてあるんです。松明とか何かで、それを符丁（編注：仲間うちだけに通用する言葉や印）にするんだけれども…嘘ですけどね。そんなの見たってわかる訳ない。

多田　符丁って、やっぱり言葉が多いんですかね。

川上　言葉もあるし、物もありますね。割り笄《こうがい》ってあるでしょ。あれも符丁に使ったんじゃないかっていう説があるくらい。昔は写真がないからね。誰かわからなかった。本当にその人かどうかっていうのを確認しなきゃいけない。

多田　本当に難しかったでしょうね。

川上　だから、忍者は〝話すこと〟だったとは思いますよ。

多田　ドラマだったら確かに、フッと何か見せて、それだけで「うん！」とかいって確かめますけど、一杯話した方が絶対確かめられますもんね。次々聞いていったら。

川上　口の上手なヤツがいいんだって、書いてありますよ。忍者の条件に。それは「軍法侍用集」にまで出てくる。これはもう、要するに江戸初期です。その頃に出版されてる訳です。それを書いた人は戦国期の人です。そこには、武術とかじゃなしに、「弁舌に巧みなものである」というのが忍者に向いていると。

多田　よく時代劇とか見てて思いますもん。嘘言ってるだろ、しゃべれしゃべれ、ってやたら責めたりするじゃないですか。そんな風にするより、もっといろんな方向から聞けば、正体が出てくるんじゃないか

『万川集海』には、優れた忍びの者の資質として、以下のような十箇条が記されている。〝第三〟で触れている「話術の巧みさ」が現代の一般的忍者イメージと大きく違って印象深い。

忍者を召し仕うべき次第の事
（『万川集海』巻第五より）

第一　忠勇謀功信の五つ有りて、其の身健なる者。
第二　平素柔和に義理甚だしくして、欲少なく、理学を好んで、行い正しく、恩を荷いて忘却せざるもの。
第三　弁舌博覧にして智謀深く、平生の物語も当話早く、人の言う所の理に乗じて欺かるる事を実に嫌うもの。
第四　天命を知りて、儒仏の理を兼備し、死生に命ある事を常々心にかけ、人欲の私に離れん事を平生嗜み学び、先哲の古語に心に入るる者。
第五　武士の法を知る事を好み、古の士の忠勇ありて義に因りて主命に代わり、或るは智謀を有りて敵を亡したる和漢の名士の風を聞き伝え、軍利戦法に心を寄せ、英雄の気象備わりたる者。
第六　平素は人と諍論する事を好まず、柔和にして然れども威有りて義深く、善人の名有りて表裏なき者と、自他の国邑を云わす風説あるもの。
第七　妻子或るは親族等正しくこれ有り、反り忍の害有るまじき者。
第八　諸国を流行して諸所の国風を能く存じ知りたる者。
第九　忍術を能く学び、謀計に敏く、文才有りて書を能くし、最も忍術を手錬し、軍利に志厚き者。
第十　軍術は言うに及ばず、諸芸に達し、詩文或は諷、舞、小歌、拍子、物真似等の遊芸に至るまで、時の宜しきに随い用いるに事を闕ず、差し当る間を合する者。

と思いますよね（笑）。

川上　そんなヤツ、金やった方がいいかもしれない（笑）。

多田　確かに。それを五情五欲とか、七情という風に言いますけど、何が効きそうか、見極めるのも忍術ですよね。

川上　そう。こいつが好きそうなのは何か、というのをあてがうという。七情の理と言うんですけど、要するに感情です。それは欲望を出させて、取り入る。それだったら別に叩いたりしなくてもね。

多田　そうですよね。五情は喜怒哀楽恐、五欲は食欲・色欲・名誉欲・財欲・風流の欲。七情は喜怒哀楽愛悪欲でしたか。五欲の中に、風流の欲という趣味の欲求が入ってるのが面白いなと思って。すごい、のめり込みますもんね。

川上　好き者っていうのがいましてね、借金してでもなんか買うとか。**多田**　アラブの石油王がサッカーに馬鹿みたいにお金を使ったりするじゃないですか。

川上　そんなの、そうかもしれませんね。

多田　ねえ。

川上　人間の心まで、金で買える、なんて言う人もいます（笑）。

多田　でも、お金で動く人って、一定人数いると思いますね。

川上　一定人数いますよ。

多田　自分の欲求と気持ちが、わからなくなってる人って、けっこういると思うんです。まあ、本能的な部分も多少、あるでしょうけど。

川上　「しとまき、くさづとのならい」って言ってね、要するにいつも金を持っていろと。それを適宜使え。金で動かない人間はいない、という教えなんです。

多田　ああーっ。じゃ、言葉巧みに言ったりしてもなかなかしゃべらなかったりしたら、お金を出すと。なら、忍者は小金持ちくらいじゃないと、できないんじゃないですか。

川上　だから忍者は雇われた時には金をもらえと言ってる訳ですよ。その時に何に使ったかというのを言わないくらいの金をもらえと。機密費です。それが、自分を雇った人に対する要求です。

多田　お金もなしに情報は取れません、と。

川上　情報は高くつく。金は必ず、どこかに持っていろと。自分の命が危ない時にはそれで助かる。それがないと、命もとられてしまうでしょ。

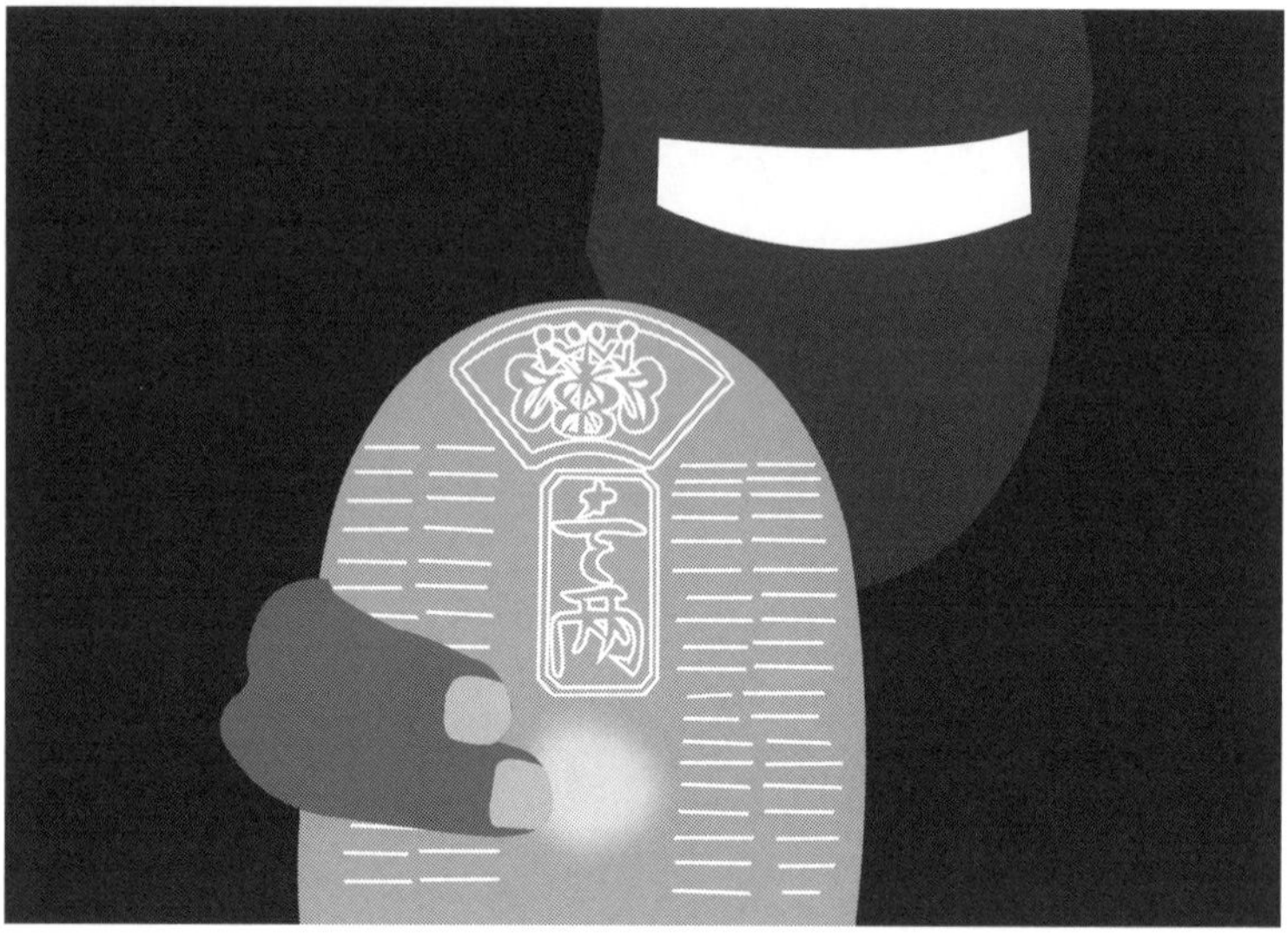

多田　面白いですよね。忍者が敵につかまって「うっ」ていう場面で、お金で済ませてスッと帰ったら、メチャクチャ面白いです（笑）。

川上　一番合理的でしょ。全部が全部引っ掛からないかもしれないけれども、引っ掛かる人の方が多い。それはもう、古今東西、多いですよ。でもそういう、あてがう物を何にするかっていうのは人それぞれですよ。金で絶対動かない人はまたいるんですよ。何を持って行っても駄目な人がいるんです。そういうのは聖人君子だから近寄るなと。こういう教えになってるんですね。そんなもんに近寄るとろくな事ないと。

多田　なんとかしようと思うだけ徒労というか。

川上　無駄ですよ。

多田　じゃ、ちょっと欲深いとか、俗人しか、活用できない。

川上　というか、ほとんどの人がそうでしょ。

多田　まあ、そうですね。

川上　まあ、良寛さんみたいな人がいたとしたら

（笑）。でも、あの人、死ぬ時まで女の人がいたでしょ。という事は、やっぱり趣味の欲があったんですよ。

多田　どこかしらやっぱり。七情までいったら、何か一つや二つくらい惑わされるものがあるんでしょうね。

川上　一休和尚だってそうでしょ。

多田　ああ、晩年なかなかすごかったみたいで（笑）。子供時代は「一休さん」のイメージですけど。

川上　もう、生臭坊主もいいとこ（笑）。で、「死ぬのいやだ」って最後まで言ってたっていう。

多田　はいはい。

川上　それはまあ半分嫌みで言ったんでしょうけどね。それは人間とはこういうものである、という事を教えてる訳ですからね。こういう人でも言ってるくらいだから。ほとんどの人がそれに引っ掛かる。

多田　確かに。無欲に見えても、見極めなきゃっていう。

川上　すぐにわかるもんですよね、それは。

多田　そうですか。

川上　話の上手な人、例えば営業の人って上手いでしょ。よく物を売るセールスマンの人達の秘訣っていうのは、ほめる事から始める。それも忍術の中には出てくる訳ですよ。必ずほめないといけない。「言葉に花を咲かせる」っていうんです、そういうの。

多田　（笑）上手い事言いますね。でも、確かに、ほめるってだけ言うと、なんかね…。もうちょっと楽しい感じでほめないと。

川上　そうそう。わざとらしいと駄目でしょ。だから「花を咲かせる」。

多田　魅力的に。

川上　どんな術だと思うけどもね。まあ、おだてるって事。それを上手にやりなさいっていう事だけなんですけどもね。

多田　確かに、おだてられて、いい気にまったくならない人って、ほとんどいないですね。

川上　いないと思うねえ。豚も木に登るんですから、人間だったらどこにでも行く（笑）。

多田　これは本当に面白いですね。

川上　君だけ信用してるんやって言ってね、部屋に呼んでね、「頼む！」ってやったら、喜んでやりますよ。

多田　確かに、意外と女の子とかも、いろんな事考えてるようですけど、たぶんほめてほめてほめまくったら、けっこう落ちる可能性高いと思います（笑）。かわいいね、かわいいね、とか、仕事も大変な仕事よく頑張ってるね、とか言われたら、それで気を許さない女の人って、少ないような気がします。それを途中でやめるから、裏切るんです（笑）。

川上　（笑）最後まで言い続けないといけない。

多田　逆にもっとほめてくれる人ができたりね。

川上　〝ほめ上手〟もあるしね。

多田　しらじらしいと駄目なんですよね。腹が丸わかりとか。

川上　だから純真そうに見せる、とかね。『万川集海』にも出てくるけれども、いつも嘘をついてはいけない、真面目に柔和に穏和に暮らせという。それはそこにあるんです。そういう人が言ってるんだから、と。

多田　確かに。なるほど。

川上　いつもしらじらしい事を言っていたら、またあいつのアレが始まったとなる。

多田　またヨイショだ、みたいな。

川上　その辺の兼ね合いというのは、難しいんでしょうけど。

多田　確かに。

ウィン・ウィン・ウィン！

川上　近江商人をご存知ですか？

多田　はい。

川上　近江商人として有名な伴っていう家がね。その伴家っていうのが、私のやっている甲賀の伴家なんです。

多田　はいはい。そうなんですか。

川上　本能寺の変の時に、信長と一緒に死んだ、伴太郎左衛門、その家の系統なんです。

多田　今けっこうビジネスでも流行の「ウィン・ウィン」ってあるじゃないですか。あれに対して、「ウィン、ウィン」なんて甘い。「三方良し」（近江商人の心得）が日本にはある、と（笑）。

川上 そうそう。「ウィン、ウィン」では2つですからね。

多田 「ウィン、ウィン」なんて二者だけなら、悪代官と越後屋でも「ウィン、ウィン」になれる。「三方良し」で、世間も良し、だからいい訳ですよね。

川上 その辺の元を作ったものの一つです。甲賀の伴家というのは。

多田 すばらしい。

川上 本能寺の変で武家の社会が嫌になって、商人になったと言われているんです。

多田 嫌になりますよね。信長まで行ってあれだったら、本当に嫌になりますよね（笑）。

川上 嫌になるねえ。家康に雇われて、鵜殿を退治したのが伴太郎左衛門です。その息子が商人になる訳です。

多田 いや、面白いですねえ。

川上 商売っていったら、やっぱり「口」ですよ。

多田 忍者って「商人に身をやつして」とか言いますけど、本当に商人に向いてますよね。

川上 向いてますよ。

多田 足も達者で口もたって。

川上 その上、柔和で質素、倹約です。近江商人はそれでやってきた訳ですよね。で、いい物を安く、まめに。で、自分は質素、倹約で、「社会のために」ですよね。あれが、忍者ですよ（笑）。

多田 日本人って、やたら勤勉じゃないですか。そういう所も、繋がってますよ。ビジネスマンが、薄給でもよく働くじゃないですか（笑）。

川上　そうですねえ。日本的ですよ。山田雄司先生（三重大学教授）が仰ってたけど、忍者っていうのは、日本人の特性を象徴しているところがある。我慢するの「忍」がついてるんだからね。最近の日本人はなくなってきつつあるかもしれないけど、基本的にはまだ今もマメで、コツコツやって……。

多田　あんまりエラそうにせずにね。

川上　仲良く、なるべく合わせる。

多田　みんな仲良くしますよね。陰ではいろいろ言ってても（笑）。

川上　陰では仕方ない。思ってる事言うわ、陰でも言うわじゃ大変でしょ（笑）。

多田　確かに（笑）。

"節をそろえる"

川上　忍者の情報収集能力というのは、合戦の時代だけじゃなくて、いつの時代も必要なものだったと思うんです。今も情報の時代と言われて、ネットで繋がってるから居ながらにして情報を得る事ができるけど、多すぎるんですよね。もっと単純化しないと、どれが本当かわからなくなるという難しさがある。

多田　そうなんですよね。取捨選択というか、怪しいか本当らしいかとかね。

川上　情報を比較する、というのは忍術の世界の教えとして基本的にあって、必ず一人だけの話を聞いては駄目だとなってるんです。これを「節《ふし》をそろえる」と言うんですけど、忍びの者を派遣する時も何名か、

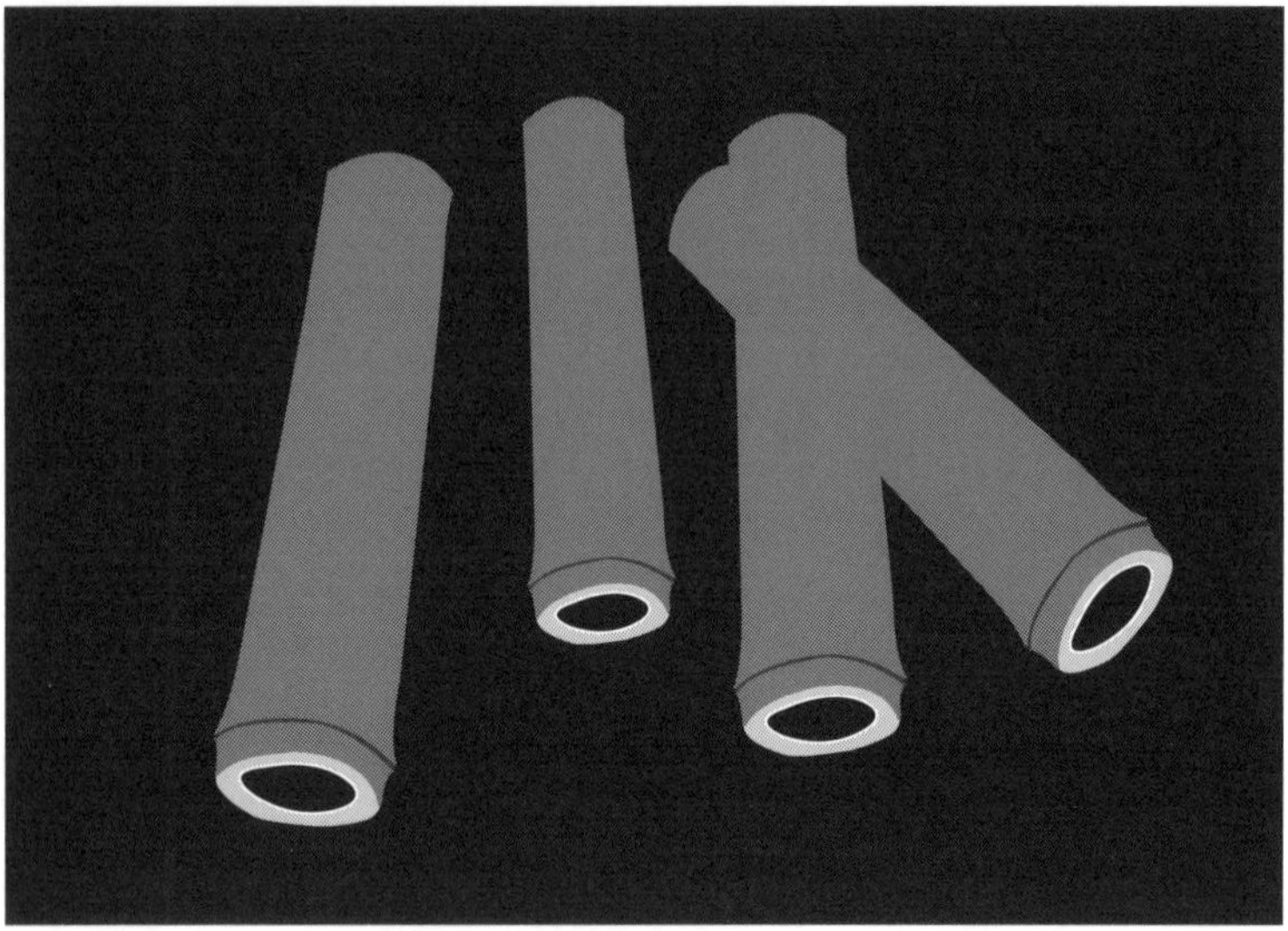

少なくとも二人を派遣して、二人の言う事を別々に聞けという事になっている。でないと、そろわない。節がそろっていかないと、事実がわからない。要するにガセネタをつかまされてるかもしれないし、嘘をつかれてるかもしれない。金をごまかして報告だけを本当そうにしている、という可能性もある。比較する事が大事ですね。ましてやネットとかになってくると、なおさらだと思いますよ。一つだけ信用すると駄目なので。

多田　「節をそろえる」って、時間をかけるのも大事じゃないですか。

川上　ある程度時間は要りますね。

多田　はじめはこう言ってきたのが、次にこうなって、という流れをとらえる事で初めて全体像が見えてくる、というところもありますよね。

川上　「節」っていうのは当然時系列をそろえるっていう事も言ってるんですよね。だから、並べてみるっていう事です。「節」ですから、当然並んでる訳です

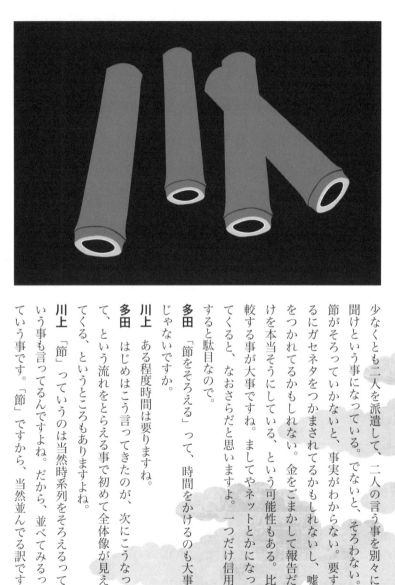

けれども。そうすると本当のところが見えてくる。

多田　現代で言うと、一人の人間でも、けっこう長期間付き合って、観察してみて、その時々に言ってる事を総合すると本当にどんな人かがわかってくる気がします。「あれ?何かおかしい」っていう人はだんだん時間とともにわかってくるな、と最近思うんです。

川上　確かに出てきますね。

多田　ピンポイントでみてると、それらしい事を言っていたりするんですけど。

川上　まことしやかにしようと思えば、今はできるんですね。高度な時代になっていますから。論文や文献的なところで言えば、けっこう本当そうに書く事ができるんです。いかにもきちんとしたものを引用したかのようにね。それでその引用元をみてみると、非常にあやふやな事がある。やっぱり元をたどって、根元から「節」をそろえていかないと駄目なんですよね。

多田　ああ、「節をそろえる術」って根元からそろえる事が大事って言ってるんですか。なるほどなるほど。柳生新陰流で言うと「神妙剣」といって、枝葉にとらわれず、中心が大事、という教えがあるんです。剣術の目付《めつけ》や身体上の教えなんですけど、通じるものがありますよね。

川上　そうですそうです。

多田　その見極め、情報や会話の中で、中心軸や根っこを見極めるって、本当に大事ですよね。

川上　そこがブレたり、あやふやだといい加減になるんですよ。根というのはあっちこっちに張っているんで、そこまで探らないとそろっていかないし、間違えるんです。単純に時系列に並べるだけでも駄目なんです。ネットなんかでもそうだけど、出ている情報だけを並べてみても駄目。その元はどこかという事を見て行くと、意外と、本当そうに書いてある事が全部嘘！なんて事もあるんですよ（笑）。

多田 ネットの情報の場合、その元ってどうやったらわかるんですか？

川上 自分で原典を当たらないと仕方ないでしょうね。

多田 誰かがどこかから引いたっていう書名とか上げてる所を探して、その書物にあたる……。

川上 そうですね。それが大事だと思います。それだって、ないものをあるように書く事だってあり得るんです。前にあったんですけど、某藩の忍びの者について書きたいっていってね、書かれた文章を読んでみたら、ネットで書かれている嘘っぱちの小説を引用している。それって本当かのように書かれているものなんで、本当かと思って引用してるんですよ。でも、まったくのフィクションなんです。でも知らない人が見たら本当だと思ってしまう。

多田 確かに、それをフィクションだっていうのでなく、史実みたいなサイトに貼り付けたら……。

川上 そうなんですよ。それがまた引用されてしまったりして海外に流されてしまったら……。

多田 本当に、ネットの引用は危険がありますね。

川上 だから、やっぱり根っこまで探らないと、本当のところは極められない。情報っていうのは単純じゃないんですけど、単純化して、根元から見て、そろえて、ってやらないと。

多田 今こそネット・アンド・ライヴというか、人に直に会わないといけない時代かもしれないですね。

川上 そうだと思いますね。嘘に踊らされる可能性が非常に高い。大衆誘導するのに、ああいうものはもの凄くやりやすい。

多田 ネットで、家の中で一人でこっそり調べてると、もの凄く珍しい情報をつかんだかのような気がす

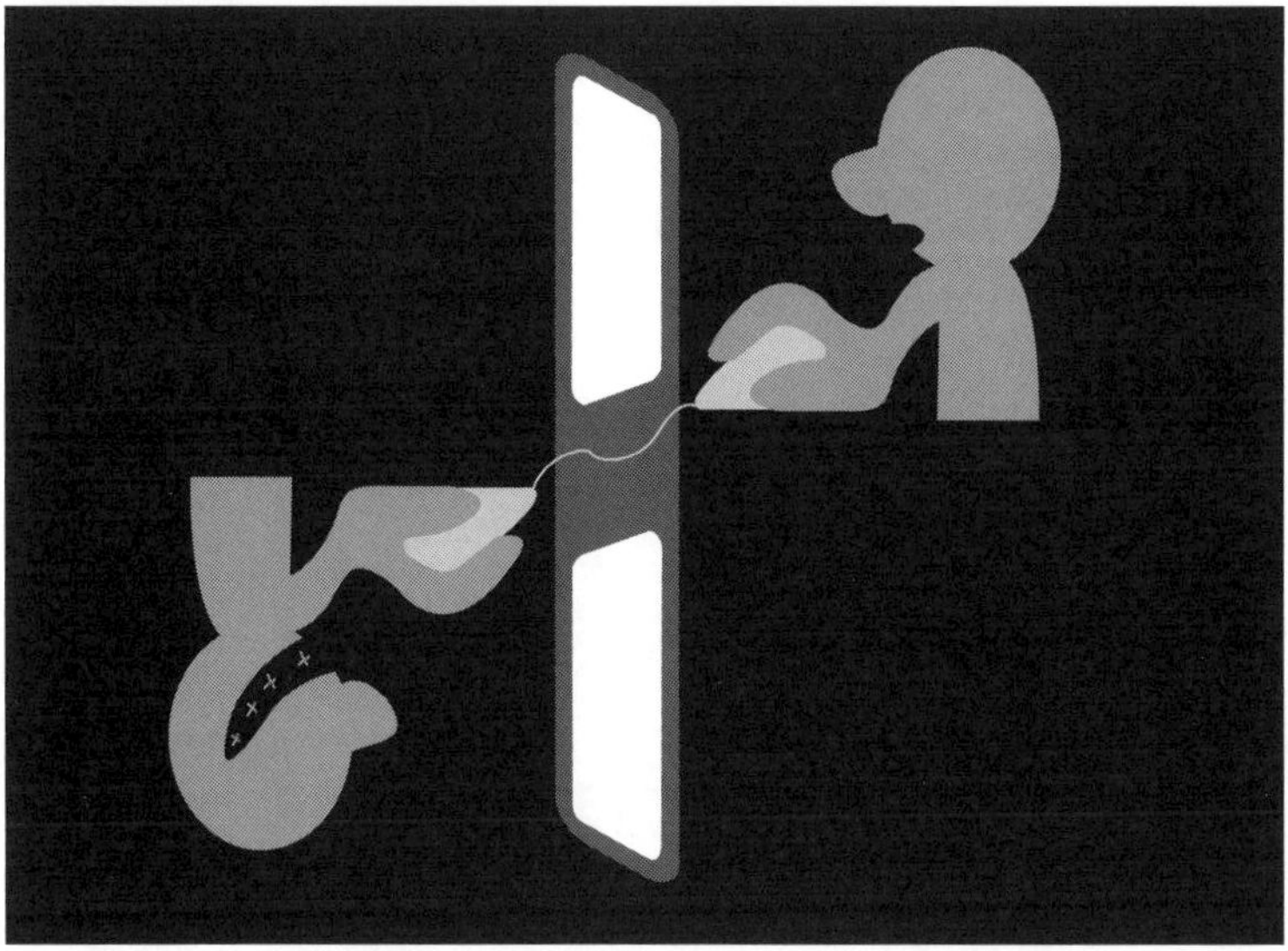

るんですけど、それは実はみんな知ってる事ですから（笑）。

川上　そうですね。

多田　こういう所で生で伺った話というのは、本当に自分しか聞いていない可能性がありますけど。ネット上って、まずもって、マニアックだと思っても、もう出てる時点で多くの人の目にさらされているものですからね。しかも検索で引っ掛かってるっていう事は、歴史ファンとかはみんな知ってるな、と思った方がいいかもしれない。

川上　情報が複雑化すればするほど、忍術的、単純な情報を得る方法を、心する方がいいんですね。

多田　丹念に当たっていくっていう。

川上　それで比較していくっていう事が大事ですね。「誘導」ではないかっていう事も考えてみないといけない。

多田　わからないのもありますけど、言葉の端々ににじみ出る時もありますよね。現実っぽく、抑えめに書いてあるんですけど、ひょっこり、自己主張みたいなものが露呈していたり、変に主観的な文体になってたりして。

川上　目立ちたがりもあるしね。単なる自己顕示の場合もあります。あと、だまして喜ぶ愉快犯みたいなのとかね。

多田　ああー。

川上　それはかつては「大衆の誘導」ですね。要するに撹乱したり、「宣伝」です。プロパカンダ。今でも隣の国なんかやってますよ（笑）。「反日」とかそういう事ですね。やっぱり「宣伝」とかそういう事に動かされないようにしないといけませんね。根本にあたるというのが一番大事だと思います。忍びの者はそういう事ではけっこう知っていたんじゃないかなと思います。とくに昔はネットがない訳ですから。書いた物すらほとんどない。人間の口だけですから、伝聞すると変わるでしょ。その本質を探っていくっていうのは、昔は難しかったと思います。

多田　今は今で、大変なところがありますよね。

川上　やっぱり、真偽を見極めるという事が大事ですね。今はもう、情報だらけですから、新聞でも、同じ事件の記事でも、2、3紙比べたら、けっこう、違うことになってますから。新聞には〝方向性〟があるでしょう。例えば、産經新聞と朝日新聞を比べたら、全然違う。あれだけ際立ってると、面白いですよね。〝真ん中〟はあるかっていうと、意外とないかもわからない。

多田　ちょうど真ん中って、難しい。

川上　ジャーナリズムって、権力に対する対抗っていうのが一つの使命ですからね。

多田　マスコミについても、江戸時代に比べると思う所があって。江戸時代は、幕府の批判を禁じられていたというと怖い時代のように思いますけど、批判する人は笠とかかぶって、瓦版とか辻売りみたいにこっそり売って、という事をしていたんですよね。そういうのを、自分の意志とか考えに基づいて、ある意味多少勇気も持ってやるっていう感じですけど、今って、確かにスタイルとしては新聞も権力批判は一応していると思うんですけど、でも、本当は権力はマスコミにあると思うんですよ。

川上　そうですよ。マスコミにあるんです。

多田　自分たちに権力があるのに、権力批判みたいな事を書いて、なんか、よくわからないなっていうか。たぶん、個々の書いている人っていうのは、一サラリーマンだし、自分は一国民と思って書いているかもしれないけれど、絶対、一国民じゃないし！っていう感じですよね。その権限や、生活水準などを考えると。笠かぶって裏通りでやってるような人じゃないですし。

川上　とくに、テレビの影響は大きいでしょう。コメンテーターをやっている人たちと話したりするんですが、あれってどうやって人選してるんでしょうね。要するにその人の考えを述べてるだけなんですよね。それが我々国民全体の意見かのように。それに誘導される人って、世の中にかなりいるんです。だから、あれ、凄い権力なんですよ。

多田　本当に、凄いと思います。

川上　だから、権力批判してる、もの凄い権力なんですよ（笑）。

多田　マスコミって、政治家をつぶせますからね。

川上　簡単ですよ。だから、それをプロパカンダに使うっていうのもある訳ですよね。ひょっとしたら裏でなにかもらってるかもしれない。そういう事も大いにあり得る訳です。そこまで疑ってかからないと、本当の情報は得ることはできない。新聞にもすべて正しいことが書いてある訳じゃないんですよ。その記者の感覚が入っている可能性が大いにある訳です。新聞の誤報なんて、最たるもんですよね。当然に批判されてしかるべきだと本当は思うんですけど。でも、読者もやっぱり、そういうのにあおられていったらいけないですよね。日本人は、余程教養が身に付いている民族ですから。見極める力もずいぶん持ってるんじゃないかと思うんです。

多田　ネットとかも出てきましたから、状況は変わってきたと思うんです。マスコミ以外にも、発信元がいろいろと増えてきて。

川上　テレビで、ワイドショーとかニュースとか、毎朝やっている番組があるでしょう。そうすると、それを毎朝観ている大多数の人は、表現は悪いですけど、平均的には無知な人が多い訳なんですよ。

多田　素直というかね。

川上　そうそう。そのまま受け入れるんですよ。「戦争法案」とか。どこからそういう名前が出てくるのかよくわからないけどね。どこも言ってない、そんなこと（笑）。

多田　また、キャッチコピーとかをつけるのが、テレビの人は上手いんですよね。

川上　上手いんです。それで、人々は争いを好まないでしょ。そうすると、「戦争法案か！」と反応してしまうんです。そうすると、「ウチの子が戦争に連れていかれたら…徴兵制が」ってなるんです。本当はどこも「徴兵制」なんて言っていない（笑）。マスコミの誘導ですよね。要するにどこかの政党がそういう事を言うのを過度に誇張して取り上げている。悪いのは権力者だなんて言ってるけど、本当は自分が権力者。

多田　そうなんですよ。右か左かはともかくとして、被害者意識みたいなものが強い人に限って、自分が加害者だったりすることってありますよね。そういう意味で、今、本当によくわからない。弱いフリしてる人が強かったり。本当の権力がどこにあるのかとか、注意して見ていないと。

川上　やっぱり、多角的に見ないと駄目ですね。一方向では見えないですよ。

多田　個人の日常でいうと、たとえば私なんかに、話を聴いてくれとか、頼ってくるような人もいるんですよ。でも、よくよくトータルをみたら、私より、困ってないんです。現状だけ、みると。そういう人が平気で、自分の方が困ってるって顔して、頼ってきたり。私は真剣に悩んで、疲れて、仕事も後回しにしてしまって、みたいな。そんな形で、いろいろと人の時間とかエネルギーを取っていく人もいるから、本当に気を付けないと（笑）。

川上　情報っていうのは、必ずしも真実が流れてる訳じゃないんですよね。意図的に流される情報っていうのも、けっこうあるんです。そういうものも感知しないといけないんですね。そうすると日頃から、いろんなアンテナをあちこちに張っておかないと、一つの方向に誘導されてしまうんです。

多田　情報が多様化してる割には、見方は多様化してない気がしますよね。やっぱり、結局テレビ観てしまったりとか。

川上　一番簡単なんですよ。視覚で入ってくるでしょう。音と視覚両方でくるんでインプットされやすいんです。生身の人間がしゃべってますから。そちらの方に、大多数の人は持って行かれる可能性が高い。「いや、あれはちょっと偏った意見なんじゃないか」なんて冷静に見られる人は、そうそう多くないですね。

多田　最近ではツイッターなんかもあって、いろいろ普通の人も一応発言してるみたいに思えますけど、時事問題なんかについて凄く画期的な視点で述べられている事って、そんなにない印象です。まあ、変なものは削除されているのか何なのかわからないですけど。みんなけっこう……やっぱり、マスメディアとか、どこかで言われてるようなことを言ってますよね。

川上　潜在的な部分に入ってしまうんです。誘導をしている意味はないのかもしれませんけどね、どうしても引っ張られて行くところが出てくる。

多田　それは、引っ張られているか、反対か、とかくらいしかないっていうかね。惑わされていない第三の意見っていうのが、あんまりないような気がしますよね。

川上　まずは疑ってみるっていうことですよね。情報はそれが大事です。そうでないと誤ります。確かな情報ほど、いい加減な情報はないっていう（笑）。情報っていうのはそういう風に流すものなんです。何とか筋とかいう情報ってよくありますよね。あれも、当たってる場合もあるけれども、的はずれもけっこうあるんです。「政府筋」とか言って、誰のことかよくわからん（笑）。わざとリークをさせるっていうのもあるんです。表から出せないから、あえてリークさせていく。だから、そのあたりを知らないといけない。できるだけそういう努力をしないと、本質を見失ってしまう。

現代にも活きる「蜘蛛の伝」

多田　結局戻るようですけど、やはり〝人〟は大事ですね。いろいろ、話が聞ける友達がいる、というか。忍者は友達が多かった訳なんですか？

川上　友達、というより知人でしょう。知人をいっぱい作る、という事ですね。

多田　さっきの〝恩を受ける〟、とか。

川上　「蜘蛛の伝」というんです。蜘蛛というのは要するにネットワークですね。あちこちに知己を作っておけということです。そのためにも盆暮れの付け届けをしなさい、とか。そういう事を常日頃やっておけと。

多田　孤高で一人忍び込んで、みたいなイメージがありますけどね。

川上　敵対したから、さあ今からって急に関係を作ろうとしてもすぐ怪しまれるでしょ。だから平和なうちからやらないといけない訳ですよね。急にプロパカンダなんかやったって駄目なんです。嫌われるだけです（笑）。

多田　十年ぶりくらいに電話してきて、この宗教入

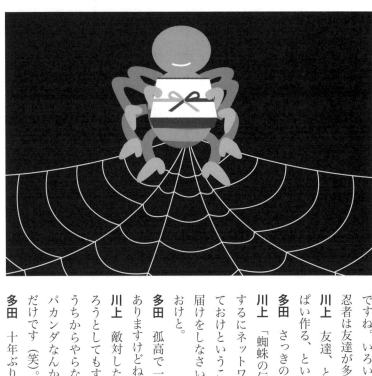

らない？って言ってくる人いますよね（笑）。

川上　選挙に私のおじさんが出るんで入れてよ、って十年しゃべってないヤツからきたって駄目でしょ（笑）。やっぱり日頃からやっとかなきゃいけない。それを「蜘蛛の伝」というんです。蜘蛛はいつも網を張ってる訳です。獲物がかかるとツッとすぐいくわけですね。アンテナが張られてるからわかるんです。

多田　わー、私、フェイスブックの友人が少なすぎる（笑）。

川上　（笑）

多田　フェイスブック、難しいんですよ。

川上　私は一切しない。

多田　メールの方が好きなんですよ。メールの方が個人的にちゃんとものが言えるから。

川上　「いいね！」って反応をみるんでしょ。

多田　私、誰かに「いいね！」って押して、また別の人の時には仕事をしていたりして見られなかったりして「ああ、私は押してくれない」という風に思われたら嫌だから、全員押さないようにしてるんです。大阪のちょっとごぶさたの友達が近況で引っ越すとか書いてたのをたまたま見たから、「引っ越すん？」って携帯でメール送ったんです。そうしたら「えっ、いいね！も押してへんのに見てたん？」って驚かれて。「こわい」って（笑）。誰にも押さんようにしてんねん、とか言ってもなかなかわかってくれない。みんな押してますからね。私だけ押さない（笑）。で、ふいに告知だけする。今度テレビ出ますとか。絶対嫌な人だと思われてます（笑）。

川上　（笑）だから日頃が大事っていう事。そして知人が多いっていう事ですね。それが基本です。

多田　自然にね。

川上　選挙が終わると選挙が始まるって言いますよね。

多田　ああーっ、そうですね。

川上　あれはそれですよ。急に頼んだって誰も入れてくれませんよ。やっぱり、日頃からやっている人に、票が入る訳です。これ、いろいろな面で応用がきくんじゃないですか。

多田　武術も一緒ですよね。急にタメて、「さあ、打つぞ！」ってやったら、バレバレですからね。徐々に重心とかが移っていって……という風にしないと。

川上　だからさとられない、ですよね。大事ですね。

多田　気配が出ては駄目なんですね。今、自分は友人・知人が少ない、だから増やしたい、って思っている人は多いと思うんですけど、まずどういう事をしたらいいんでしょうか？

川上　何にもなしに知人を作ろうと思っても難しいんですよ。やっぱり、最初は自分の得意分野からしかならないですよね。

多田 専門とか、趣味とか。

川上 趣味は多彩な方がいいんですよね。だからいろんな習い事をしろ、っていうのは教えの中にあるんです。そうすると輪が広がる。

多田 確かに、友達できますね。

川上 趣味の多い人って、友達多いでしょう。友達って、知人ですよ。本当の友人じゃないと思いますそれは。

多田 確かに、親しい、本当のお友達千人とかいったら怖いですよね（笑）。

川上 外国人はすぐそんな事言いますけどね、そんなの「知ってる人」です。

多田 フェイスブックなんかも、友人何百人、千人とかいていいなあと言ってもらってる人も、本人が本当に社交家で素晴らしいなあっていうのがわかっていればいいですけど、なんか、そんなに、どうやって付き合ってるの？とか、適当に付き合ってるに違いない、とか思ってしまいますよね。多すぎると。

川上 やっぱり、ある程度のやり取りがないと、私は思ってないのに、ってなりますね。その辺の兼ね合いっていうのは難しいでしょうけれども。

多田 でもやっぱり、多い方がいいのはいい。いろんな地域に広がってる方がいいでしょうね。

川上 あと、先同士で繋がったりしますからね。別々に繋がっていた先と先が親戚だったり。だから、親戚関係も多い方がいいです。一族が多い方がいいんです。田舎の選挙なんか、モロですね。親戚が多くなかったら、当選しない。親戚の友達とか、親戚の親戚とか、バァーッと広がって行く。だから甲賀の場合、なんとか党なんです。

多田　ああーっ、一族じゃなくて党なんですね。

川上　血族だけじゃないんです。元祖を同じにすると称する、ね。そうするといろいろな所でネットワークができる。

多田　確かに、何らかの共通点がある人との付き合いを、きちんとしておけば大きいでしょうね。

川上　一番いいのは、血のつながりですね。だから親戚を昔は大事にした。

多田　ちょっとくらい離れたり、何年かたまたま会っていなくても、親戚だったら大丈夫ですからね。

川上　大丈夫。親戚だったら気を許すっていう所があるんですよね。だから一番大事なのは「血」、から始まる。それから趣味の域を広げる、とかね。

多田　あとやっぱり、人物の見極めは大事じゃないですか。

川上　そうですね。最終的にはそういう所になるでしょうけど。でも、変なヤツもね、その中にいた方がいいんですよ。

多田　ああーっ。

川上　いた方がいいんです。何かあった時に。変なとこ辿ったら、なんとか組のなんとか組長というのがいたっていうのもね、いいんですよ、それ（笑）。

多田　ああーっ、ちょっとヤバい所も。芸能人とか、昔はその世界の人に助けてもらったとか、あったみたいですよね。

川上　「世の中に、無駄な物は何一つない。すべて益になる」というのも教えです。

多田　ああーっ、確かに。

川上　無駄だったらそこに存在しないっていうんです。
多田　じゃあ、変な人とも付き合っておいたらいいんですか。
川上　積極的に行く必要はないですよ（笑）。繋がりの中で派生していく事。
多田　ちょっとくらい変だからって、そんなバンバン切らなくてもいい。
川上　それはしない方がいい訳ですよね。
多田　なんか嫌だったら、二度と会いたくないとか思ってしまうんですけど。
川上　求めてるんですよ、そういう人は。嫌われる人は、求めてる訳です。
多田　ああ、それは言える。ああ、それは分かる気がします。
川上　すると、なお、何かの時に役に立ったりする。まあ友人の繋がり、知人の繋がり、あまり分け隔てしないっていうのが一番だと思いますね。親戚付き合いが嫌だっていう人も、今は多いんですよ。田舎に帰らないとか、菩提寺をなくしたとかね。あれは自分から輪をなくしてる。
多田　そうなんですよね。
川上　それは何かあった時に大変ですよ。何かあるかどうか、わからない訳ですからね。だから日頃から懇意にしておく、というのが大事ですよね。血の繋がりほど濃いものはないですよ。系図上繋がってなくても「私、多田ケンジです」って言われたら、なんかうれしいでしょう。
多田　ちょっとね（笑）。確かに。逆に面識なくて言われた方が、興味が湧くかも。
川上　「私の先祖もそうです！」とか。
多田　私がテレビに出たのを観たどこかの多田さんからフェイスブックで……それは系図も関係ないんで

すけど、「名字が同じなので親近感が湧きました」って友人リクエストが来て、それはさすがに放ってありますけど（笑）。

川上　（笑）

多田　そうですかー！とか行けなかった（笑）。どうでしょう、男性か女性かでちょっと違いませんか？

川上　ああ、違うかもしれない。

多田　女で、よくわからない男の人から友人リクエストが来ても、受ける気にならないですね。

川上　怖いしね。そういう面では気をつけないといけない時代ですよね。

多田　付き合う事が危ない場合もあるじゃないですか。

川上　変に探られたり、それを利用して何かやられたりする可能性もあるので。そういうのは、注意しないといけないですけど。ネット社会のそういう面は、まったく別問題の話なんでね。ネット社会でさっきの「蜘蛛」、網を張るっていうのは、私はよくわからないんで。

多田　やたらめったら張るっていうのも……。あれ、たまに写真とかコメントをアップして、「いいね！」を押し合ってるだけの関係だったら、あんまり人物像がわからないですよね。

川上　だって、本当の事書かないし。本名かどうかもわからないしね。基本的には本名を入れるんだろうけど。

多田　そうですね。ツイッターよりはフェイスブックの方が本人らしい、みたいに言ってますけど……。

川上　でも、一人で2つ3つやってるかもしれない。

多田　そうですね。ページだけ、会社で持ってるとかね。商用目的も多いですしね。だから「いいね！」しかないのも、なんでも「いいね！」って言って宣伝しやすい、そういう形がウケてるみたいですね。

川上　その方が繋がりは作りやすいですね。否定されてまでいくっていう人はいない。

多田　確かに。その否定ＯＫにすると、管理が難しいですね。

川上　なんでも否定から始まると、そこでちょっとストップしますから。だから役に立たんもんはないっていう考えはね、非常にいいと思うんですよ。悪いヤツっていうのは、バランス上、要るんですよ。必要悪といえば必要悪かもしれない。そんな、きれいな水の中に魚は住まない。ここまで言うとアレか。でも、忍者的でしょう。

多田　うーん。

川上　人間に欲望は必ずあるんです。悪い心はあるんです、どんな人にもね。それを全部きれいなものに置き換えるなんて無理です。だから平和憲法だけで平和守れないんですよ（笑）。

多田 （笑）

■

情報をとってきてそれを伝えるには、
生きて帰ってこなきゃならない。
そこが仕事なんですよ。
やっぱり侍とはちょっと違う仕事
という感じがしますね。
LOVE

伊賀・山中にて

第四章 忍術の学び方

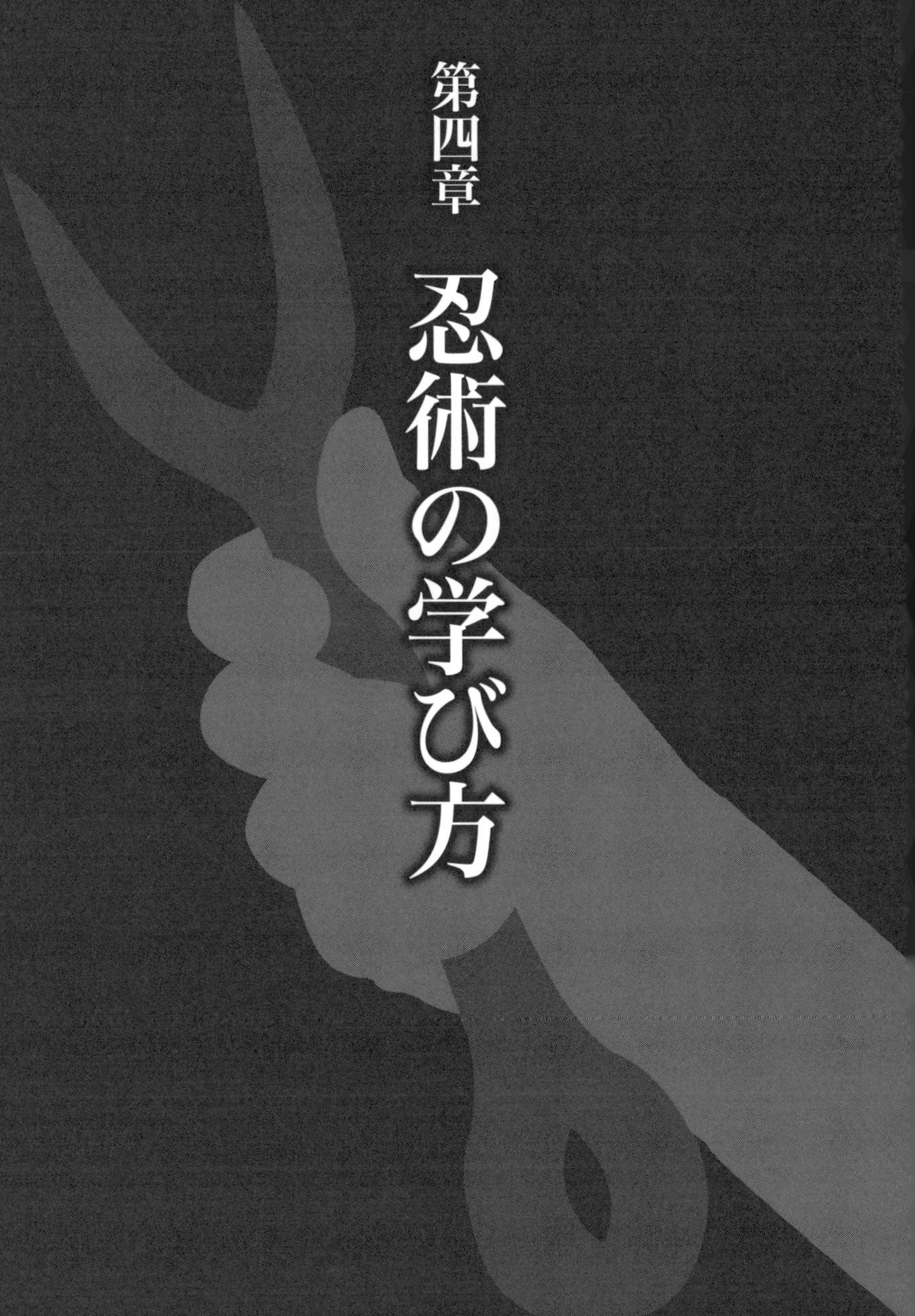

武術と忍術は違う?

多田　忍術と武術とはどういう関係にあるものですか?　一般的に、忍術は武術の一ジャンルであるかのように取られている傾向もある気がしますけど。

川上　忍術というのは、武術より広範にわたるものですね。どうしても、武術の中に入ってるような錯覚があるけれども。闘ってるイメージとかね。それは大いに間違いだと思うんです。兵法ではあるんですけれども、兵法というのもまたそれもちょっと狭い。私はそれを「生存技術」であるとかね、そういう言い方をしているんですけれども。

多田　兵法っていうと、やっぱり合戦とか、戦闘時の事っていうイメージがありますよね。でも、忍術って何も起こってない状態も「探り」……みたいな。

川上　戦いであったとしても、武術とは違いますよね。ましてや格闘術ではない訳です。忍術という格闘術は存在しない。

多田　少しずつですけど、勉強させていただいて思うのは、時代によってすごく形が……道具とかも違いますし、必要とされる知識も変わっていくので、そういう意味からしても、武術とも兵法とも言いにくいですよね。

川上　難しいですね。元々は忍術をまとめたのが軍用の技術なんです。江戸時代に体系づけた訳です。江戸時代になって初めて「忍びの術」「忍術」というのが出てくる訳です。それ以前っていうのはおそらく、いろいろな生活技術であり、生存技術であったり、そういう職業のものであったり、そういったものが渾

水上を渡るために足に履いて使ったとされる道具「水蜘蛛」を前に（「伊賀流忍者博物館」にて）

然として「忍び」という働きをする時に使用されていたんです。だから多元的だったと思うんですね。江戸が終わってしまうと、「忍びの術」というのは伊賀甲賀でも、片鱗もなくなってしまう。元の状態に拡散してしまって。

多田　ああー。確かに、ニーズに応じて形ができてくるから、ニーズがなくなると形もなくなる。

川上　そういうものだったと思うんですね。

多田　今「水蜘蛛」とか使ってもね。無理ですもんね。

川上　今は別に走らんでも、車があるし、飛行機があるし。その時代時代で、実技の内容は進歩している。だから、古典的なものだと位置づけてるんですね。そういう軍用の技術であると。

多田　そうですね。今の人からしてみると、そういう事ですね。

川上　現代にそういったものを活かせるかというと、軍事のものについては、もっともっと進歩してるから、活きてくるっていう事はないですね。そうでなくて、生活の方法とか手段とか、生存の技術とか……。

多田　あと、発想とか。

川上　そう、考え方とか、コミュニケーションとか、そういったものは人間であれば変わらない訳ですから、普遍的に価値があるものだと思うんです。そんなに特殊なものではない訳ですね。おそらく伊賀甲賀はそれを売りにしていた。売りにするという事は、特殊であるかのように見せなきゃならない訳です。そういう部分も多々あったと思いますね。

多田　そういう意味で、火薬を使ったりとかが強調されたのかもしれないですね。

川上　強調はしていると思うんです。

多田　なるほどなるほど。そういう、突然びっくりするような事とか奇襲が起こった時こそ、「あっ、忍びが出て来た」みたいな事になるので、よけい印象にも残るし……。

川上　そういう風に見せる訳ですよね。だから「虚実を使い分ける」っていう事を習いました。あるものをないように見せる、ないものをあるように見せるっていう、それが大事やっていう風に言われました。だから、超人的な事ができるのではないかっていう風に信じるんであればね、わざわざそれを否定する必要はない。

多田　ああー。

川上　できるかのようにごまかしとけっていう訳ですよ。その方が、深く見えて、悟られない。

多田　それ、少し前に、川上先生に伺ってから早速使わせていただいたんです。
川上　（笑）
多田　昔は、本当に知識量に関するコンプレックスがひどくて、そんなの知りません、知りません、分からないんです、っていう風にいちいち言っていたんですけど、なぜか、物をよく知っている風に見えたりするようなんで、最近、そういう風に（笑）。さも、わかっているかのように、しとくようにしたら、けっこう、いいですね。
川上　それがいいと思うんですよ。一方、あるものをないように……能力を秘める。
多田　ああーっ、そうですよね。
川上　だから、「忍びの者」の条件として、「いつも柔和に穏和にしておけ」っていう、「目立たないように、いつも正直にしておけ」というのがあるんです。すると、いざという時に嘘ついても、みんな信じてしまう。
多田　そうなんですよ。変な人、いかにも欲深そうな人だったら、注意しますもんね。
川上　その「いかにも」に見せるような実技というのもまた、あるんですよ。
多田　わざと目立つ。
川上　わざとするんです。陰とか陽とかの「忍び」っていう中に、分けるんですけどね。
多田　それは、どういうことですか？　もう少し詳しく、先生からお話をうかがいたいです。
川上　陰は密かに、表に現れず行なう術で、陽は我は忍びであると目立ち行なう術を言います。他に、陰は実際に忍び入り行動する術で、陽は頭を使い策を練る術とする場合があります。でも、やはり、中庸……真ん中っていうのがいいんですけどね。左から言うと、真ん中が右に見える、右から言うと真ん中は

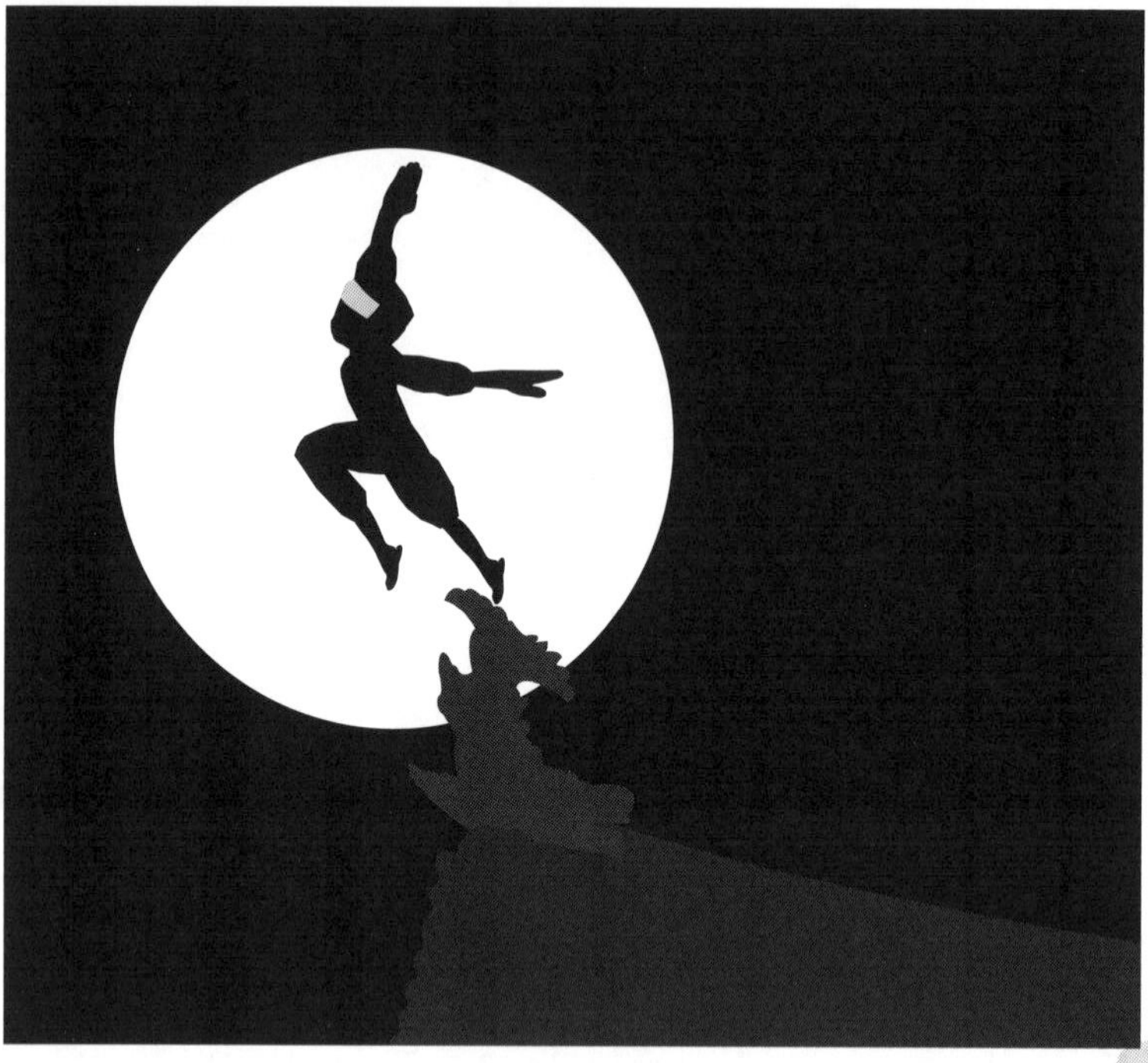

左に見えるんで。その中庸っていうのがどこにあるのかっていうのがまた難しいんですけど。

多田 そうですね。また、中庸っていうのを、若い時から目指すと、何にもしないで固まってるとか、日和見主義とかになりかねない。

川上 それは、ありますね。

多田 やっぱり、陰陽どちらもできる術を身につけておいて、ちゃんとよく見て、真ん中をとるようにしないと。

川上 私、習ったのがね、私、(名に)「仁」ってついてるんですけど、「にん」って読めるんですよね。で、忍術で大事なのが「和」と「仁」。「仁」は「イ」(にんべん)で人間を、「二」(に)で陰陽を表してるんですよ。あと真ん中っていう意味合いとかね。真ん中の事を「じん」って言うでしょ。人間の根源の意味合いですね。慈しむという意味合い以外に。

多田　「仁義礼智」みたいな事、以外に。

川上　そうそう。我慢する「忍」がふくまれて。「にん」とも読むんですね。私の親父は「じん（仁）」と書いて「しのぶ」と読むんです。

多田　そうなんですか！　それ、お父様から伝承したっていう伝説作ったら（笑）。

川上　（笑）

多田　お父様は別に、まったく……。

川上　まったく関係ない（笑）。天皇の家はある時代から「仁」がついて、人間の方が中心で、一番いい意味合いであると。だから、「忍術」っていうのは「仁術」でもあるんですよ。

多田　「医は仁術」とかね。

川上　言いますよね。それを「にん」と読むとね。

多田　なるほどなるほど。

川上　それはつまり、喧嘩しないで慈しむという。戦うという意味じゃない。そのためには「忍」。我慢するという ね。でもあれは、残忍の忍でもあるんです。いざとなったら…。

多田　あの字も、本当に不思議ですよね。

川上　それだけで一つの本があるくらいですから。

多田　へぇー。私は、国語辞典なしでは、物を書けないような人間なんで。辞典ができて、すごく助かってるんですけど、やっぱり、一言とか一文字に関する意味が、だいぶ限定されてしまいますよね。

川上　日本語は訓読みするから、漢字一つに対していくつも読み方があるでしょ。だから「ひと」って言ったら、人間の事なんです。

多田　確かに。

川上　中国語の読み方でいくと一つにしかならない。たくさんの意味合いが一つの漢字の中に秘められてる訳ですから、その辺から、見ないとね。「武術」とか……、本当に狭い部分でしか忍術を見れてないし。兵法と言っても、まだ、狭いかもしれない。もっと広義なもの。っていう事は、「忍術」ってなかったんじゃないかっていう極論も言える訳です。

多田　ああ、定義がないというか……。

川上　そうそう。いわゆる夜盗の術に、コミュニケーションも含め、いろんなものを入れて「忍術」って言ってるだけでね。バラバラにしてしまったら、何もないっていう、そういうものかもしれません。

本当の忍術ってどういうものだった?

多田　忍びの者は、武術としては実際にどのようなものを修練していたんですか?

川上　これはもう、普通の侍が行なう、武芸十八般、すべてやったんじゃないですか。侍の心得ですから。だから、忍者独特の武術、というのはなかったんです。

多田　鎖鎌とか。

川上　それは忍者とか関係ないです。

多田　侍でも鎖鎌やりますもんね。

川上　あれも外連《けれん》技だという人がいるくらいなんですけど、実はそんな事はない。戦国期に存在しているんです。忍者の武器ではない。

多田　日頃農民に化けるための、忍者独特の武器みたいな。

川上　鎌はそうかもしれませんけどね。鎌はいつ持っていても怪しまれない。

多田　でも、鎖鎌は……。

川上　鎖鎌は、持ち歩きすら、邪魔になるものなんです。それは忍者独特の武器ではなく一般的な武術の一つなんです。手裏剣もそうですけど。

多田　確かに、手裏剣も、侍とか武芸者もやりますからね。

川上　忍者も侍である訳ですから、当然武術全般は学んだという事ですね。忍者だけに伝わった、というものはない。

多田　忍者ショーでもやってますけど、紐を武器にして……、あれも違うんですか？

川上　何でも武器にする、という象徴としてやっているんですね。あらゆるものを武器化して使う。ですから鎖鎌もそういった象徴としてやっているんです。鎌に鎖を付けたらこんなになるでしょう、というね。

多田　逆に言うと、それが忍者の武術の特徴かもしれませんね。侍ももちろん、新陰流は、何でも道具使えって教えますけど、侍って基本的には刀や槍で戦いたいってきっと思っていますよね。それに比べてより〝何でも武器にする度〟が高かったような気がします。

川上　ある道だけに秀でている訳じゃありませんからね。総合的にやる訳ですから、何かあったら、手に

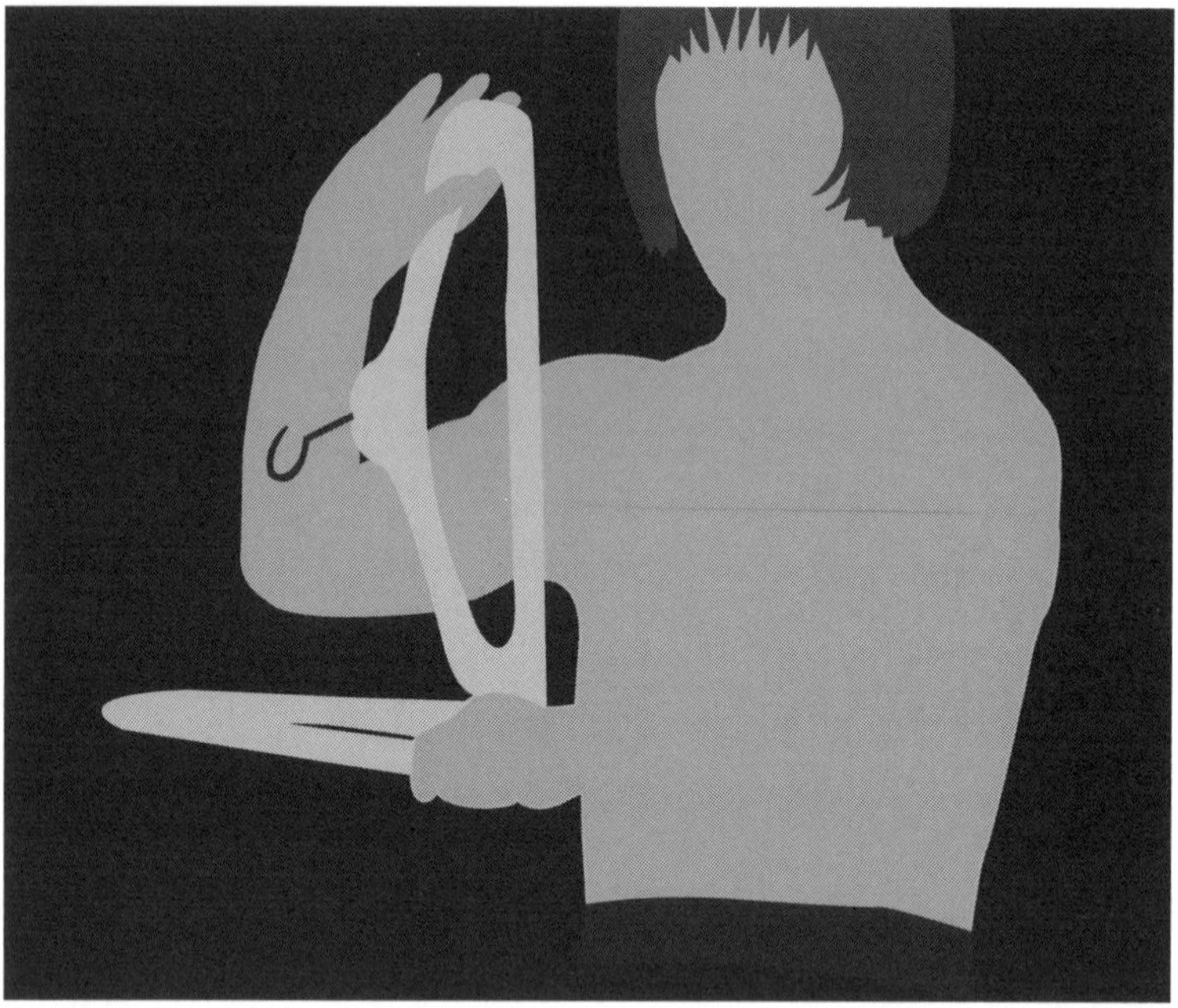

届く範囲のものを投げた方がよかったりする訳です。
多田　手ぬぐいでビシッとやったり。
川上　一番に忍者に求められる要件がそういう〝戦う〟ような部分じゃないですからね。弁舌巧みであり利口な者、ですから。武芸に秀でた者、じゃない訳です。
多田　これがイメージと違うんですね。忍者が武術を使うというのは、弁舌とか、門から堂々と入るとかに失敗して正体バレて、いざ戦う時の話ですからね。
川上　そうです。その時には、あらゆるものを駆使して、学んだ武術をもって逃げるという事は、大いにあり得ますね。その時に、忍びの者独特のものがあったのではないかという事が想像されやすいんですけど。
多田　火器……、火薬を併用したっていうのは、独特ではないですか？

忍術の構成内容

※"生き残る"事を目的とする「忍術」は学ばねばならない要素が非常に広範にわたる。
"戦う"事を目的とした武術はその中のほんの一部にすぎない。

其の壱　基本

○必勝の理（天の時、地の利、人の和）○中国兵書と忍術（兵法七書の用間と忍術）○虚実転換法と忍術○五情、五欲と忍術○神貴之大事

其の弐　陰陽忍

○遠入○近入○城営忍○家忍○カマリ（夜討、朝駈、焼働き）

其の参　火術

○合図○対敵○破壊○放火○照明○焔硝製造

其の四　水術

○泳法○潜水法○武器用法○渡河海法○船戦法

其の五　隠形遁身

○天／地／人遁○楊枝／扇子隠れ○木葉隠れ○霧隠れ○狐／狸隠れ○観音／鶉隠れ

其の六　陰具用法

○六具○火器○刀剣用法（下緒含む）○登器○開器○薬物用法○水器○武器

其の七　不忘・隠文

○記憶法○密書作成○密書秘匿法○通信法（火、煙、光、音、印等）○密書解読○五色米用法

其の八　変姿、相、言

○妖者○奪口○変装法○声色

其の九　占術

○陰陽道／宿曜道との関連○八門遁甲○易○雲煙気伝○命／卜／相○太占

其の拾　和漢方

○経絡○導引○活法（整骨含む）○延命薬（健康茶、酒等）○治療薬（金創、内傷等）

其の拾壱　薬方

○対敵薬（毒薬、眠薬等）○保身薬（兵糧丸、水渇丸等）

其の拾弐　忍具製作法

○材料○用法○作製○自得○工夫

川上 それも独特じゃなくて、どの流儀にもそういうものがあるんですよ。

多田 武術の？

川上 はい。古い総合武術にはね。目つぶしも毒薬なんかもあるんです。

多田 ああー。逆に、忍術と言われているものが武術の方に吸収されてしまう訳ですね。

川上 だから、忍術の方がそういったものから採用している、という可能性もあります。

多田 やっぱり、忍者の武術って侍の武術より多様なイメージがあるんですよね。何やり出すかわからない。

川上 固定概念がないからね。

多田 あと、「正々堂々」にこだわらないとか。

川上 こだわらない。ただ、生きて行く、逃げて行くための手段として、使えるものは使うという事ですね。それが忍者独特と言えば独特ですね。「〇〇流」という形で、忍者に伝わった独自の武術というのは、少なくとも甲賀伊賀の中ではないですね。私は甲賀地方、湖南地方で行なわれた武術というものを継いでいるんですけど、それは忍者独特という訳ではないんです。膳所《ぜぜ》藩とか水口《みなくち》藩でも行なわれていた。

多田 「起死回生の妙手」を持ってるイメージがありますよね。誰も知らない発明、というか。

川上 目つぶしとか、忍者っぽいですけどね。でも、ああいうものもみんな柔術なんかにありますよ。

多田 確かに、近現代以前の武術って、ルールないですからね。

川上 生きなきゃいけない訳ですから。ルールで戦う訳じゃない。死んだら終わりですから。だから、決まり事はない。唾をプゥッとかけたりね。吹き針っていうのは、それの一つですね。

多田 吹き針も武術なんですね。

川上　そうですそうです。
多田　なんか、そういう面白い武術が、映画などで忍者の武術として、という風に……。
川上　みんなの知らないような武器が出てきたり、異様なモノが出てきたりすると、なんか、忍者っぽいでしょう。仕込み杖みたいなものとか。仕込み杖は幕末から明治にかけて流行ったんですよ。とくに明治時代は刀が持てなかったから。一杯残ってますよ。
多田　そういう意味では、忍び込むための道具は、やっぱり忍者独特じゃないですか？
川上　盗賊の道具と共通ですよね。
多田　（笑）そっちは盗賊のジャンルに入れられる訳ですね。
川上　あと、職人ね。桶職人とか。桶の丸穴開ける道具とか。
多田　確かに確かに。持っていても、職人ですって言えばいい訳で。
川上　独特というよりは、それそのまま使える。
多田　かすがいとかね。
川上　今でもどこでも売ってます。
多田　くないは？　誰か職人が使ってたんですか？
川上　壁を砕いたりするのにも職人が使ったりします。
多田　くないすら、忍者独特でもないんですか！　えぇー、みたいな（笑）。どうします？　博物館でもさんざん飾って、ゴムのくないなんていうのも売ってますけど（笑）。
川上　それはいいんじゃないですか（笑）。

忍者独特の道具として知られる「くない」。武器として用いる他、壁や地面を掘ったり、柄の穴の部分に紐を通して使ったり、またその穴の部分に水をはってレンズとして用いたりと実に多機能で便利な道具。

多田　〝忍者〟の中では、ですね。
川上　そうです。〝忍者〟ですからいいんです。
多田　撒き菱はどうですか？
川上　あれはモンゴルにありましたね。モンゴルの軍は常用していました。大きいのもあるんです。
多田　馬もろとも、ですか。
川上　そうです。あれも忍者独特のものではなくて、世界中にあります。
多田　あの実を見たら、用法が思い浮かぶっていう事なんですか。
川上　まあ、別に菱の実じゃなくても、普通に考えたら、ああいうものは思いつくんじゃないですか。世界中にあります。日本の忍者だけじゃなくて。
多田　それはなんか……悲しい（笑）。撒き菱や目つぶしくらいは、忍者独特であって欲しかった。

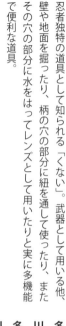

川上　独特じゃないんです。
多田　でも、知れば知るほど、独特なものって本当になくなっていきますねえ。
川上　そうすると、残ってくるのは「忍び」というものになってくる訳です。密かに忍び込み、あるものを得てくる。あるいは撹乱する、という部分だけになる訳です。それを行なおうとすると、武術を含めていろいろなものがくっついてくる訳です。それを全部含めて「忍術」となる訳です。敵と遭遇する事もある訳ですから、そこに武術が必要になってくる。その心得がないと、逃げられないですよね。
多田　本気で仕官する人もいますけど、侍になりすます、というのもありますよね。
川上　そうですね。
多田　そのために武術が要る。
川上　甲賀侍、伊賀侍という形で仕官する、というのがあちこちにあるんですね。それは「忍び」じゃない。侍として仕官する。鉄砲が上手いとかね。
多田　武術ができれば、どこか雇い先はありますよね。
川上　ありますね。だから通り一遍は、おそらく学んだであろう事は推測できる訳です。現存史料とかを総合すると。ただ、「○○流」という独特なものとして、忍者だけに行なわれたというものはないです。
多田　なるほど。そういう意味では、忍者文化のフィクションとか、作られた黒装束とか、「くノ一」とか、そういうものが一杯ありますけど、逆にそういうものも偉大ですね。そういうものがあるから、ここまで「忍者」っていうもののいろんなイメージが膨らんだっていうか。
川上　あくまで私たちは伝承の中での表現ですけどね。その中で見出す事ができない。要するに、武術史料を含めて、兵法史料の中には見出せない。なおかつ私はそういったものとして、独特なものは学んでいない、という事ですね。その地域にあった武術は学んだけれども、その地域にあったからといって、忍者だけに行なわれてきた訳ではない。

多田 うーん。甲賀独特だったかもしれない、というものはある訳ですね。

川上 多少は。「○○流」っていう、それなりの特徴を唱えている訳ですから。でもそれだけの事ですね。だから、沢山の一般の侍、明治になったら普通の人も学んだ、そういうものですね。藤堂藩だったら、藤堂藩の武術というのは、おおよそ分かる訳です。その中にはそんなものはないです。いや、そんな事はない、隠れてやっていたんだっていう意見もあるかもしれないけど、……そんな事は絶対ないですよ。

多田 (笑)

川上 やったら何かしらの武術伝書があり、何か片鱗が残ってるはずです。それは残念ながら、という事ですね。

多田 「針」が重要だったたって聞きますね。

川上 ひとつのシンボルとして、私たちは、針とか布をね。はとり(服部、機織り)という事とも絡むんですけど。目立たないし、あらゆるものに使える。死活ともにできる。殺す事もできるし、活かす事もできる。

多田 治療にも使える。

川上 日常的に持っていても怪しまれないし、便利であると。布もそうですね。紐にもなる、包むこともできる、顔も隠せる、怪我の治療もできる、水も濾せる、あらゆる面で有用である。それが忍びの者を形

手裏剣の種類

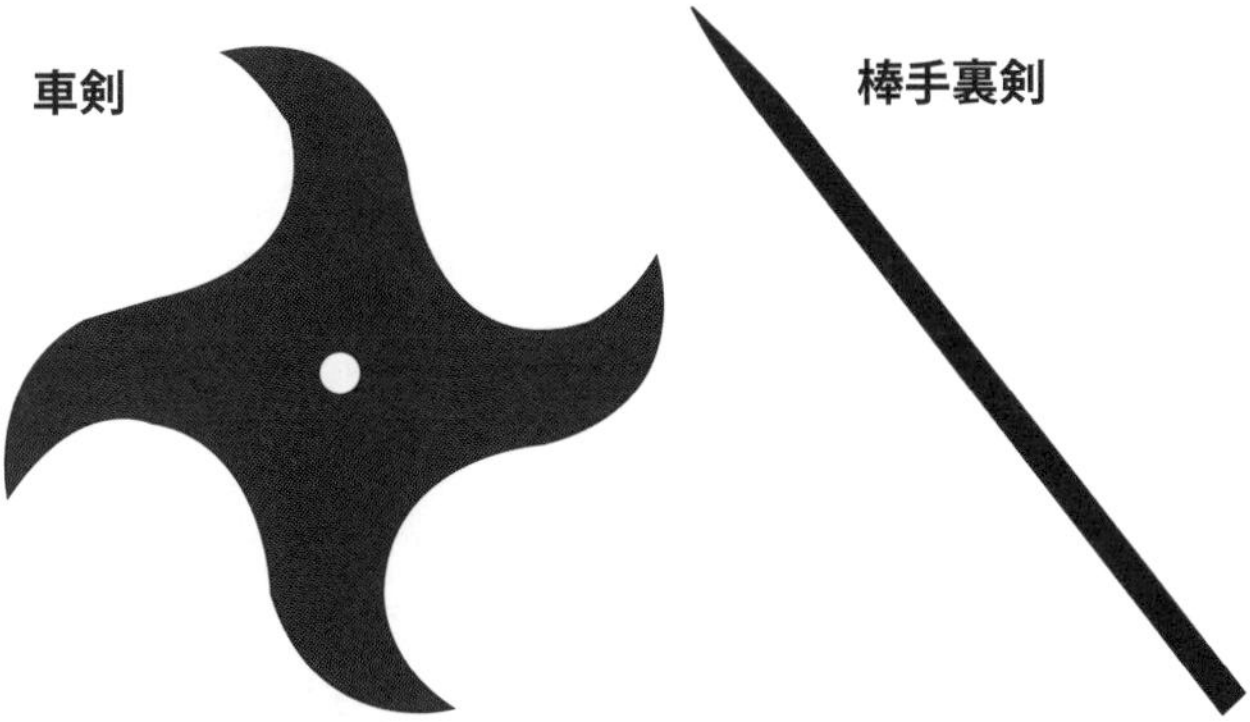

一般に忍者の武器として知られている手裏剣は平べったい「車剣」と言われるタイプだが、作る手間とそれが一投にして失われる事を鑑みたコスト・パフォーマンスを考えると、実際にはほとんど使用されていなかったと推測される。一方、針状のものは「棒手裏剣」と呼ばれ、「車剣」に比べると刺すのは難しいが、作りやすく持ち運びもしやすいため、実用性は高かったと考えられる。なお、手裏剣術は忍者独自の技法ではなく武術の一つとして存在し、現存する武術流儀の手裏剣術で用いられているのはほとんどが「棒手裏剣」。

容している、と、そういう事なんですけど。それで二つをシンボル化するんです。それは口伝承と、書かれているものと、あるんですけどね。一般にはあまり知られていないですけど。

多田　そうですね。一般的には手裏剣のイメージが強いですね。

川上　手裏剣って、棒の場合はなかなか刺すのも難しいですね。針だったら、まとめてバッと投げたら必ず刺さる。顔めがけてバッと投げれば、どこか刺さる。そもそも、手裏剣で動く人間を殺すなんて、もの凄く難しい。それで逃げるくらいが関の山でしょう。ましてや甲冑を着ていたら全然歯が立たない。

多田　武術だったら、手裏剣打って、驚いている間に斬れ、という事ですよね。

随分種類がありますけど、
それぞれ機能が違うんですか？
ほとんどが単なる〝デザイン〟です。
男が工夫したくなるところなんですよ。

（「伊賀流忍者博物館」にて）

川上　そうですね。「手裏剣に打つ」とかね。「手裏剣」という字もいろいろ書き方があって、「手内剣」とか、「修理剣」とか、尻を持って打つから「尻剣」とか。いろいろな流儀によって違う訳です。手裏剣術だけの流儀もありますけどね。別に忍者独特という事でもない。汎用性がないんで持ってる価値が少ない。

多田　手裏剣って、作るの大変ですもんね。バンバン打って失いたくない。

川上　もったいない。で、それだけの効果はないでしょ。石ころ投げた方がいいかもわからない。

多田　確かに。単なる威嚇とかなら。

川上　そんなに上手く刺さってくれないですよ、動く敵に。動かない的でもなかなか刺さらないのに（笑）。

多田　そうなんですよね（笑）。確かに。

川上　でもまあ、忍者っぽいから。「忍者」のシンボルですね。江戸時代の演劇に、手裏剣、出てくるらしいです。

多田　忍者ものでですか。

川上　はい。黒装束で。

多田　ああ、やっぱりその頃から、だんだん、長年定着してきたんですね。

川上　「飛び道具、卑怯なり」みたいなもんですよ。

多田　本当は侍も使うのに。

川上　そうでしょう。ただし、棒手裏剣ですよ。

多田　じゃ、やっぱり、黒装束に手裏剣っていうのは、江戸時代からあった。そういう意味ではもう、古典、みたいなものですね。

川上　そうですね。手裏剣はそういう意味での、虚像の忍者としての必須アイテムです（笑）。意表をついて打つってね、忍者っぽいでしょ。

忍者は何を鍛えていた？

多田　忍者はどんな鍛錬を行なっていたんでしょうか？

川上　人間というものは、壊れないように制御がかかるようになってるんです。それを取っ払えるようになる事を目指すんです。そのためには限界を知るという事も必要なんですね。限界というのは、あってないようなものなんです。まず、できるだけ過酷な事に挑戦するんですよ。食べないのもそうですし、食べるのもそうですけど。沢山食べる、あるいは全然食べない。水を断ってみるとか、塩断ちしてみるとか。そういう極限を目指して、それに耐える。九行といって「苦行」との語呂合わせみたいになってるんですけど。そうして能力の限界を知って、なおかつそれを深める。実際にやってみると大した事ないというものもけっこうあるんですよ。例えば、飯を一か月食わない、というのは、できるんですよ。と私が言ってもね、あまり信用する人もいないんだけど、こないだ榎木さんという役者の方がやって話題になってましたよね。だから、できるんです。やるかやらないかだけで。誰もがやってもいいか、医学的見地はわかりませんけどね。水は駄目です。三日を超すと駄目ですからね。でも、あとはできる訳です。普通の日常生活をしながら。それがまず一つですね。あと、便意を我慢する、という事もやります。そうするとそれもけっこう、意外とできるんです。そういう事をやっていると、例えば断食だと、二日三日四日食べなくても、別に何も思わないです。

多田　焦らない。

川上　はい。やってないとね、一日食べないと体が衰えるんじゃないか、とかいう事になって、衰えてしまうんです。本当は何の問題もないんです。一週間食べなくたって、いいや水飲んどけば、と、ものすごく余裕ができる。他にも暑いのに耐えたり寒いのに耐えたり、いろいろあるんです。９つに分けるんですけど。自分の限界を知って、超えていく。それで余裕を作る。心の余裕にもなる。敵地に潜入した時に、食べられないかもしれないですからね。捕まって、食べさせてもらえないかもわからないし。そういうのが、厳しいといえば一番厳しいんじゃないですか。本能に逆らう事になるから。比叡山なんかもそうですけど、坊さんが寝ずに修行をするでしょう。ああいった、不眠不休というのもやる訳です。そうすると、幻覚を見るんですよ。そうすると、成功したと。阿闍梨《あじゃり》もそうですね。仏に会う、という風に見えるらしいです。要するに幻覚ですよね。

多田　幻覚が見えたら、ある程度超えたという事で、終了と？

川上　はい。超すと、健康を害する。それでも、けっこう危ないですけどね。

多田　そうですよね。

川上　そういうのが、一番キツい。どこから取り入れたのかはわかりませんけどね。おそらく密教とか、そういう所からきているんだと思います。

多田　〝超人〟を目指す、みたいなところはありませんか？

川上　いや、そういうものを目指すんじゃないですね。生きるためです。

多田　どんな状況になっても大丈夫、みたいな事ですか？

川上　そうですね。あらゆる場面において、生存する。それだけです（笑）。

多田　確かに、生存可能性が高まりますよね。兵糧攻めにあおうが何しようが。

川上　ものすごく、余裕ができる。

多田　例えば、同じような状況に置かれた人がいて、周りがパニックになっても、それを余裕をもってみたり、できますよね。

川上　かなり違いますね。一度でいいんですよ。そんなにしょっちゅうやる必要ない。一回経験しておくだけでいい。経験する。「本」じゃ駄目です。できるんやで、そやな、それじゃ駄目です。やってみるんです。それで、やれた。それでいいんですよ。それだけで力になる。

多田　私、暗示にかかりやすいタイプなんですけど、先生にその断食の話を伺ってから……かなり変化がありました。まあ、一か月とかはやる気もないですし、三日も無理ですけど。もともとは、身体が弱くて心配性で、寝ている場合は別として、起きて活動してたら、一食でも抜けると、熱出したりとか、そういうタイプなんです。最近、一回実験してみると、まあまあ起きていて、一日一食だけにして大丈夫だったんですよ。忍者のイメージと、「大丈夫」っていう暗示によって。そこから、本当に一食くらい抜いても、心の底から気にならなくなりましたね。

川上　「食べなきゃ衰える」とかね、なってくると、本当に衰えるんですよ。

多田　前だったら、例えば今日とかも、お昼頃に誰かと待ち合わせとなると、「ランチってどうされますか？」っていう事を前もって確認せずにはいられなかった。会ってから食べるなら、食べないで行くし、会っ

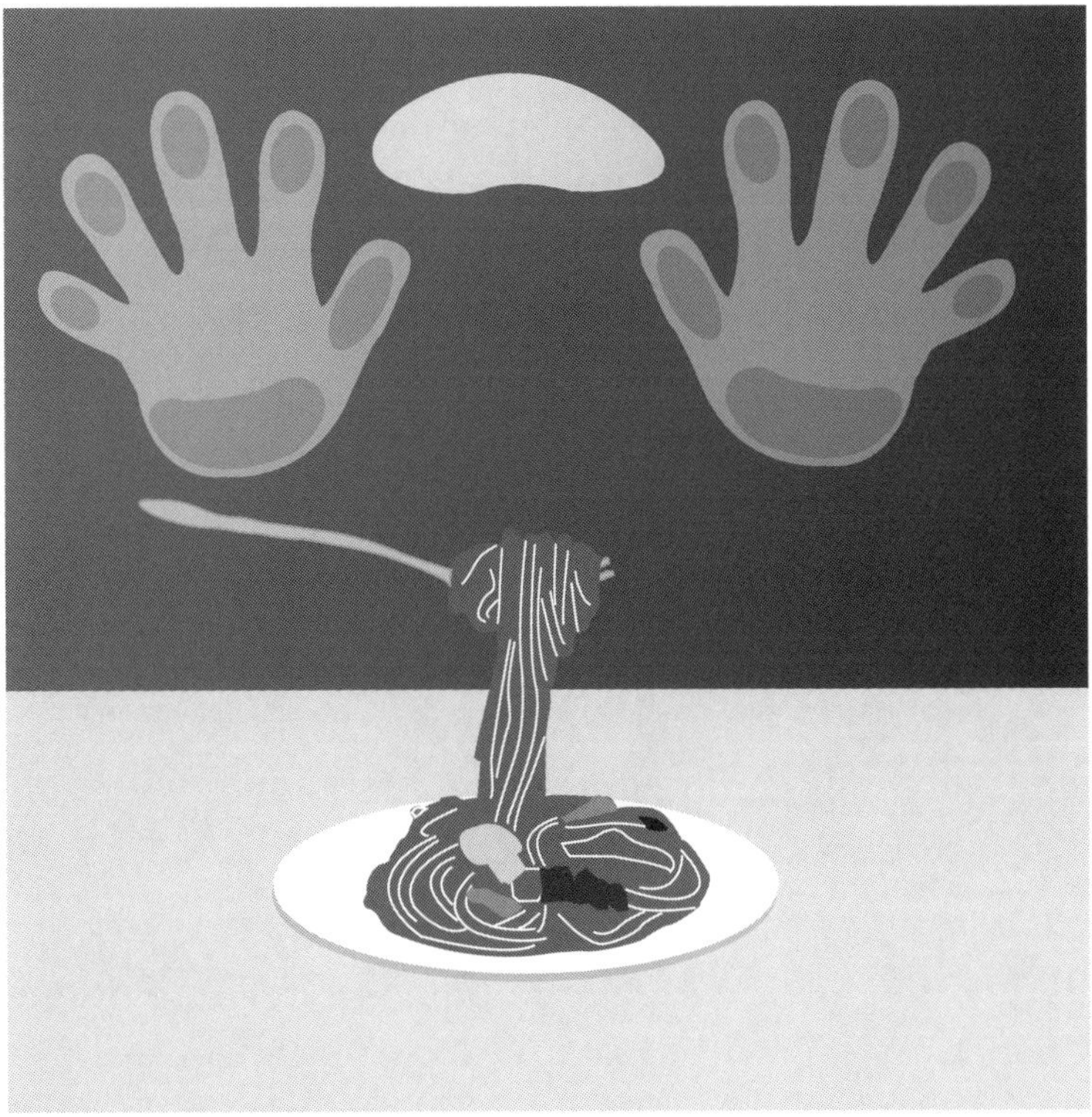

てから食べないんだったら直前に食べて行かなきゃいけないから、すごい焦るって感じで。「どうするんですか!?」っていう感じなんですけど(笑)。最近はどっちでもいいや全然、みたいな。確かに全然、心身ともに違いますね。

川上　違いますよね。

多田　何かで急に食べられなくなった場合に、「このままだったらフラフラしてくるんじゃないか」とか思ってましたけど。

川上　勝手に自分で追いつめるでしょ。そんなもの一切なくなりますからね。それで余裕が持てるんですよ。

多田　最近、あんまり栄養バラ

ンス考えられてないから、そろそろ風邪引くんじゃないかとか。でも今は、一か月というのが、おかげさまで基準になってまして、一か月って食べなくても人間が生きられるくらいの期間なんだから、…まあ、私はちょっと弱めだから、食べますけど、ムチャクチャ厳密に考えて心配しなくてもいいかな、と。一か月くらい、どんな食生活でも倒れる訳ない、みたいな。

川上　体重だって、最初はちょっと下がるけれども、後はあんまり下がらない。どんどんやったら、たぶん死んでしまいますよ。

多田　（笑）そうですよね。

川上　でも一か月くらいだったら、大丈夫です。それは全然問題ないんです。それは先人もそういう風に教えられて、私も経験して、榎木さんもやって。

多田　そんな、しょっちゅうされてた訳じゃないんですね。

川上　ないです。何回かやっただけ。会社行きながら。

多田　それが凄いですよね。

川上　あの人も役者の仕事しながら。

多田　まあ、そうですよね。どうするんですかね。ドラマやってて、休憩とかでケータリングとか来て（笑）。

川上　（笑）やったら、さほど大した事ない、というのもあるんですけど、やっぱり、やってみるっていう事。身につけるっていう言葉があるけれども、やっぱり、やらないとわからない訳です。

多田　現代人で言うと、一日でも二日でも、食べないって決めて食べないっていう事が実行できたら、かなり感覚が変わりますよね。逆に、太る事とかも怖くなくなると思うんです。自分の意思を確実に実行できて、平常心でいられるんだ、となると強い。もちろん、「いつでもやせられる」って言って食べ続けてどんどん太る人っていうのもいますけど、でも、一回でもやってみたら、その気になったら、食べるのをやめられると。自信がもてる。不安だとよけいダメダメと思って、つい食べて、とかになると思うんですけど、その辺もなんか、落ち着くっていうか。

川上　タバコ吸う人もね、「いつでも私はタバコをやめられる」……、でもやめられないんですよ。だって吸ってるんだから。なかなかやめられない。だから、やってみるっていうのは、けっこう難しいんですよ。

多田　まあ、断食はね……。

川上　三日四日したら、食べたくなるんですわ。

多田　三日もしなくても、食べてしまいますけど（笑）。

川上　でも、それを超すとね、何でもなくなってくるんです。それは変なもんですよ。靴はグスグスになります。

多田　靴？　服よりも？

川上　靴です。

多田　それは、足が小さくなるという事ですか？

川上　そうでしょうね。ちょっと小さくなる。

多田　ええーっ！　それはまた食べたら戻るんですか？

川上　戻ります。

多田　足が小さくなる……、それ、けっこうキてますね（笑）。一か月くらいだったら、どのくらい落ちま

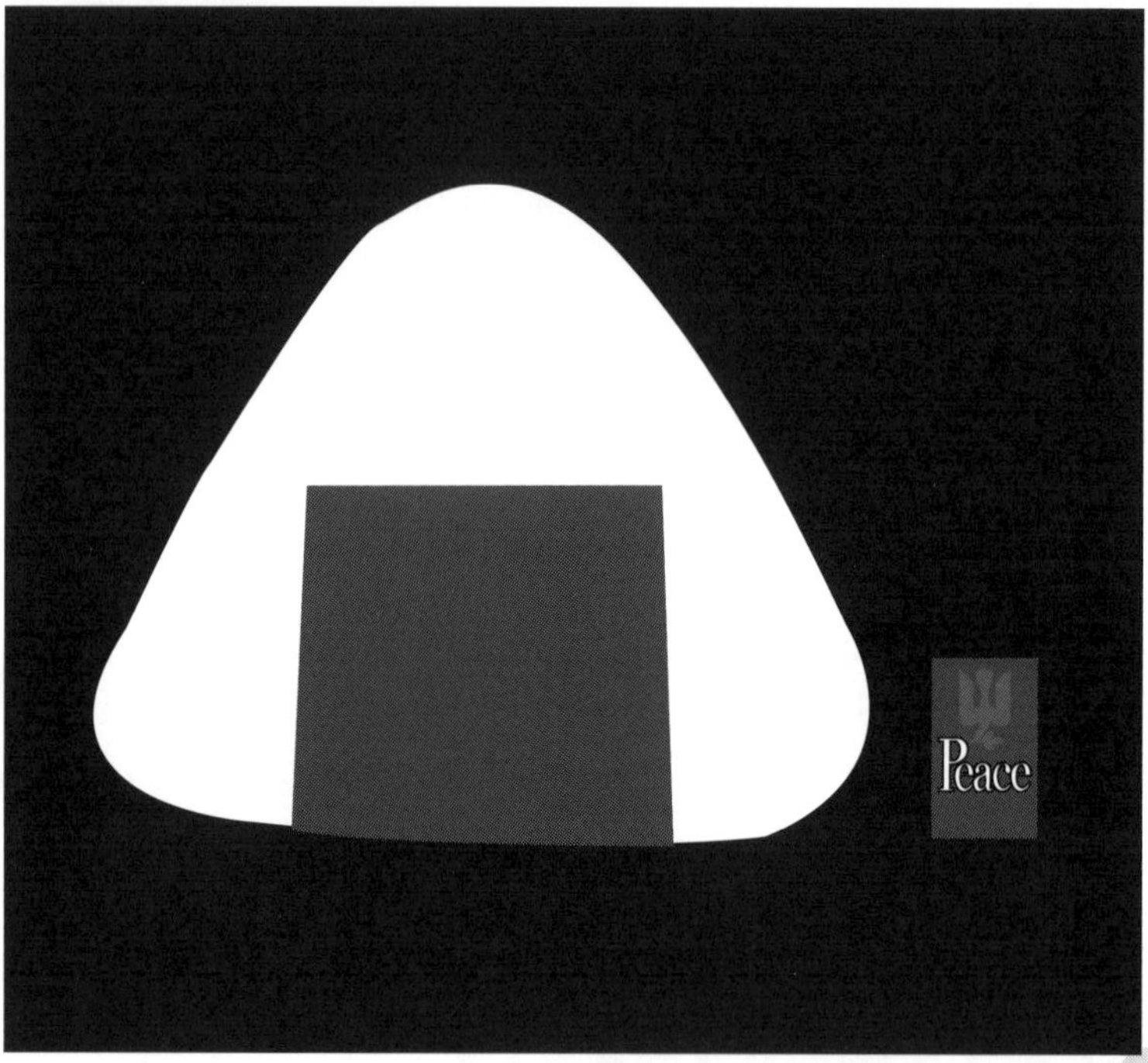

すか？

川上　十キロは落ちないんじゃないんですか。七〜十キロとか、それくらいだと思います。

多田　ああ、でもやっぱりそのくらい落ちますか。元々そんなに太ってらっしゃる訳じゃないですしね。

川上　太ってる人の方が難しいんですよ。精神的に難しい。食べてるから太ってる訳だから。

多田　食べるのが好きだから。

川上　だから難しいんですよ。やせてるのは逆なんですけどね。食べても太らないだけであってね。「やせの大食い」って言いますけど。

多田　大食いの方は、どのくらい食べられるんですか？

川上　それはとにかく沢山食べるとい

う事で、あんまり量で計った事がないですね。合戦の前は一升弁当を食べないといけない、という事も言われてたようです。

多田　一升弁当！　そんなんじゃ逆に動けない気がします（笑）。

川上　そういう風に昔は言ったんですね。

多田　次、いつ食べられるかわからないから。

川上　そうですね。そして活力を入れるんだという事です。そういう思想があったんですね。

多田　日本人はご飯は、女の人でも沢山食べたって聞きますね。

川上　私の祖母も一升弁当を食べたって言ってましたよ。山仕事に行くのに。

多田　ほおーっ。

川上　もの凄い、やせてましたよ。

多田　へえーっ。

川上　日本人のエネルギー源だったんですね。普段からそんな事してたら体壊すでしょうけど。

多田　ああーっ、いざっていう時に。でも、そんなに入るんですね。胃とかがくたびれそう。これも思い込みなんですかね。

川上　思い込みでしょうね。そういう生活を繰り返してるとそういう風になるんじゃないですか。胃というのは縮めてしまうと食べられなくなるんですよ。そうすると、必ず衰弱します。

多田　だから、断食やって少食とかだけでもよくない？

川上　駄目ですね。胃の大きさはある程度保ってないと。でないと、病気の時に食べられなくなる。昔は合戦があったからね。焼き味噌なんかを必ずそれに添えるんですよ。あれはエネルギー源ですね。身の礎と書いて「身礎《みそ》」という言い方をしたりもしてますね。

多田　なるほど。

川上　だから、戦国大名がいた所っていうのは、なんとか味噌っていうの、多いでしょう。信州とか、八丁味噌とか。だから味噌は、合戦には必ず要るものだったんですね。

忍者鍛錬は〝限界〟との闘い

多田　どちらかと言うと、走ったり跳んだりとか、そういう事よりは、断食とか対応力を鍛える方が大変だった……。

川上　大変ですね。走る跳ぶ歩くとかいうのはね、活動そのものだけですからね。筋肉の疲労とか、それくらいのもんでしょう。痛い。「九行」というのは、苦しい訳です。

多田　そういう所で、苦しくて、挫折して、忍者に向いてないっていう敗北組も出る訳ですか？

川上　いやあ、なかったんじゃないですかね。それなりに皆、できたんだと思います。例えば、飢饉があると、食べられないですよね。それは、村人全部が経験しますよね。幼児から大人、老人まで。

多田　そうですね。

川上　だから、落伍うんぬんっていう事はなかったんじゃないですかね。ただ、限界は人それぞれあると思いますよ。体力の十分余裕のある人と、非常に弱くて体力的にもたない人と。

多田　一律全員「一か月食べるな」とやった訳ではない？

川上　そういう訓練ではなかったと思います。集団訓練っていうのはなかったでしょうね。家伝ですから。少なくとも、一族の中でしかやってないと思います。そういった事を具体的に記したものというのはほとんどないんですよ。修行法を記したものとかね。だからなおわかりづらい所はあります。

多田　確かに、地味ですよね。跳んだりとかそういうのはパフォーマンス的にも、成果っていうか、見えるから、凄い！ってなりますけど、食べてないんですか！とか、凄い寒い所にいたんですか！とかいっても、ちょっとわかりづらいですよね（笑）。

川上　わかりづらい。でも本当は、その方が苦しい。寝ない、とかね。

多田　寝ないだけは絶対に……、一回もやった事ないです（笑）。

川上　絶対、寝てるんです。朦朧とする中で。脳は休んでるらしいです。ある限界があって、人間っていうのは続けられないんですよ。そういう風にできてるみたいです。だから幻覚を見てしまうんです。

多田　視力が衰えてきたりするみたいですね。

川上　見にくくなってくる。だから、危ないですよ。

多田　私は徹夜しても、絶対翌日には寝ます（笑）。

川上　陀羅尼助《だらにすけ》ってあるでしょう。当麻寺《たいまでら》とか、奈良の辺で売ってる、苦い苦い薬ですけどね。あれは山伏とか修験者や坊さんがお経を読む時の眠気さましだという説もありますね。回峰行《かいほうぎょう》は不眠不休でお経を読みながら歩くんですけど、短刀を差してるんですよね。途中でやめたら腹を切って死ななければならない。そういう厳しい行です。

多田　確かに〝眠い〟とかを修行でうまくコントロールできるようになっていれば、例えば忙しくなったりしてもパニックにならないと思いますね。ああ、もう三日も十分に眠れずに寝不足が続いてる！と思うだけで、パニックになりますから。でも、幻覚見えてないし大丈夫、とか、そう思えたら全然違うでしょうし。

川上　まったく余裕ができますよね。修行の厳しさというのは、本能に逆らうものが一番厳しい訳です。後天的な部分のものはそれを我慢すれば済む事なんです。でも、本能に根ざすものはキツいですね。

多田　なるほど。修行とか苦行に対するイメージが、ちょっと変わりました。いっぱい走るとか、そういうのが大変なことだと思ってましたから。イメージ的にも、無理矢理やらされる感じで、それがつらそうだと。昔は、しんどい事とか、体育会系的な〝やらされる訓練〟というのが大嫌いだったんです。意味がわからないからすごく嫌だったんですけど、そんなにあらゆる面で余裕ができるんだったら、もっと自分からやっておけばよかったです。モチベーションもなく、意味も分からず、いやいややるのって、本当に駄目ですよね。

川上　みんなで百回腕立て伏せするとかね。あんなの別に厳しくない。その場だけですから。キツいはキツいかもしれないけど、筋肉が疲れるだけのもんでしょ。寝なかったら、心身ともに疲れますよね。飯食わないというのは、飯食いたいという本能に逆らう訳ですから、その方が厳しいです。

多田　それを自分の意志でやるんですからね。

川上　そう、自分の意志。で、やってみると、大した事ない訳です。終われば大した事ない。というゆとりが生まれるんですよ。

多田　そうなると、例えば、少々嫌な事があったりしても、別にそんな……あの食べなかった時の四日目のあの感じに比べたら別にどうって事ないんじゃないか、とか（笑）。

川上　行の厳しさというのはそういう事になるでしょうね。部分的には、体の訓練はありますけどね。走り方とか跳び方とか呼吸のし方とか指の鍛錬とか。そういう部分鍛錬は沢山ある訳です。忍び込んでいく訳ですからね。そのために必要な事ですから。中国武術の訓練と似ているものもありますね。本質的に、誰が考えてもそういう風になるだけなんです。

多田　例えばどんな？

川上　指を鍛えるのに指立てやったりね。砂に突っ込んだり。蝋燭に抜き手で突き込むなんてのもありますね。それは別に、そこから学んだというよりは、誰が考えてもそういう風になるんです。世界中におそらく類似のものがあるんですよ。呼吸法なんかもそうですよね。ヨガだけじゃなくていろんなところでやってる訳です。

多田　けっこう、部分的なんですよね。

川上　部分から始まらないと、すぐに全身は統一できないんです。単なる呼吸だけやっていてもわかりづらいんで、自分で自分の体を打つ訳ですよ。そうするとそこに気の流れを自覚しやすくなる。誰かに触ってもらうと自覚しやすいというのと一緒で、自分で自分を刺激しながらやるんです。打撃力に対する耐性を上げるんじゃなくて。自分の反応域を知るんです。だから、一人でもある程度鍛錬できるんですね。それはもう、思いついた時にやっていくんです。歩きながらでもできますしね。目立たないように。

多田　麻かなんかを植えてその上を毎日跳び越える、なんていう鍛錬が知られてますけど、これは……。

川上　嘘です（笑）。

多田　（笑）

川上　一応、昭和の忍者って言われている藤田西湖っていう人が、そういう風に書いてますけどね。あんなの、すぐ大きくなるから、ついていけないですよ。

多田　オクラで挑戦したという人もいますけど。

川上　向日葵っていう説もありますね。

多田　ちょうどいい成長って、どのくらいなんですかね。

川上　無理なんですよ。じゃ、杉の木植えて、毎日跳んでいったら、杉の木の高さまで跳べるようになりますか？

多田　確かにね。

川上　人間の能力を超えた事はできないです。いかにも合理的なような事言ってるけど。

多田　なだらかな坂からだんだん急にしていって、垂直に近いものまで登れるようになるというのは？

川上　それは縮地っていうやりかたですね。それはあります。

多田　じゃ、跳ぶのは適当に自分で？

川上　中国の武術にもありますけどね、なるべく膝を曲げないようにして跳ぶ、という事を練習していく訳です。あと、体に錘を着けたり。そして、手指を鍛える。足だけで上がる必要はないですよね。上がるには手も使います。

多田　なるほどなるほど。

川上　足の指もそうですけど、手の指は重要です。だから部分的にも、そこを鍛える。でも、それだけじゃ駄目で、だんだんといろんな所を鍛えていって、最後に全体を一致させる。練習の方法はそういう風にできているんです。

多田　助走なしで何メートルも跳べる、なんていう話も残っていたりしますけど。

川上　ないですね（笑）。助走なしで2メートルも跳ぶ人なんていないでしょ。人間の能力を超えた事はできない。現にオリンピックの金メダルの人でそういう人、いないでしょ。

多田　でも、何かやったらできるのかなあって思ってしまう（笑）。

川上　だから、否定しないんです。できないって言ってしまうんじゃなくて、できるかのように言っておく。

多田　でも、普通からしたら、かなりいける訳ですよね。

川上　いや、そうでもないと思います。だって、例えば刀を立てて足かけて登るっていう術、跳べるんだったら要らないでしょう。

多田　刀に足掛けたのが嘘だっていう人もいますね。「忍者だったら越えられるから」って（笑）。

川上　どこにおるんです、そんなの（笑）。嘘です。

多田　だから、道具も手も使って、総合的に、行けるっていう。

川上　そうですね。現代人が想像するよりはできたと思うんですよ。

多田　この間テレビでやっていたんですけど、お相撲さんで身体能力が高い人が、大人が立ってる所を、ポーンと馬跳びみたいに跳び越えてました。やっぱり、できる人はできるんだなと。

川上　でも、万人が練習すればなれるっていう事はない。誰でもトレーニングしたらオリンピックで金メ

忍術における鍛錬①

〝末端を鍛える〟

写真は自らの指先に逆の手の指先を叩き付ける〝末端鍛錬〟の一例。忍術においては指先の強さが重要視され、「人差し指と親指の二本指で米俵一俵を持ち上げられるまで鍛える」という話も残っているほど。それほどまでに鍛え上げれば、天井の桟をつまんでぶら下がれる、とも言われている。

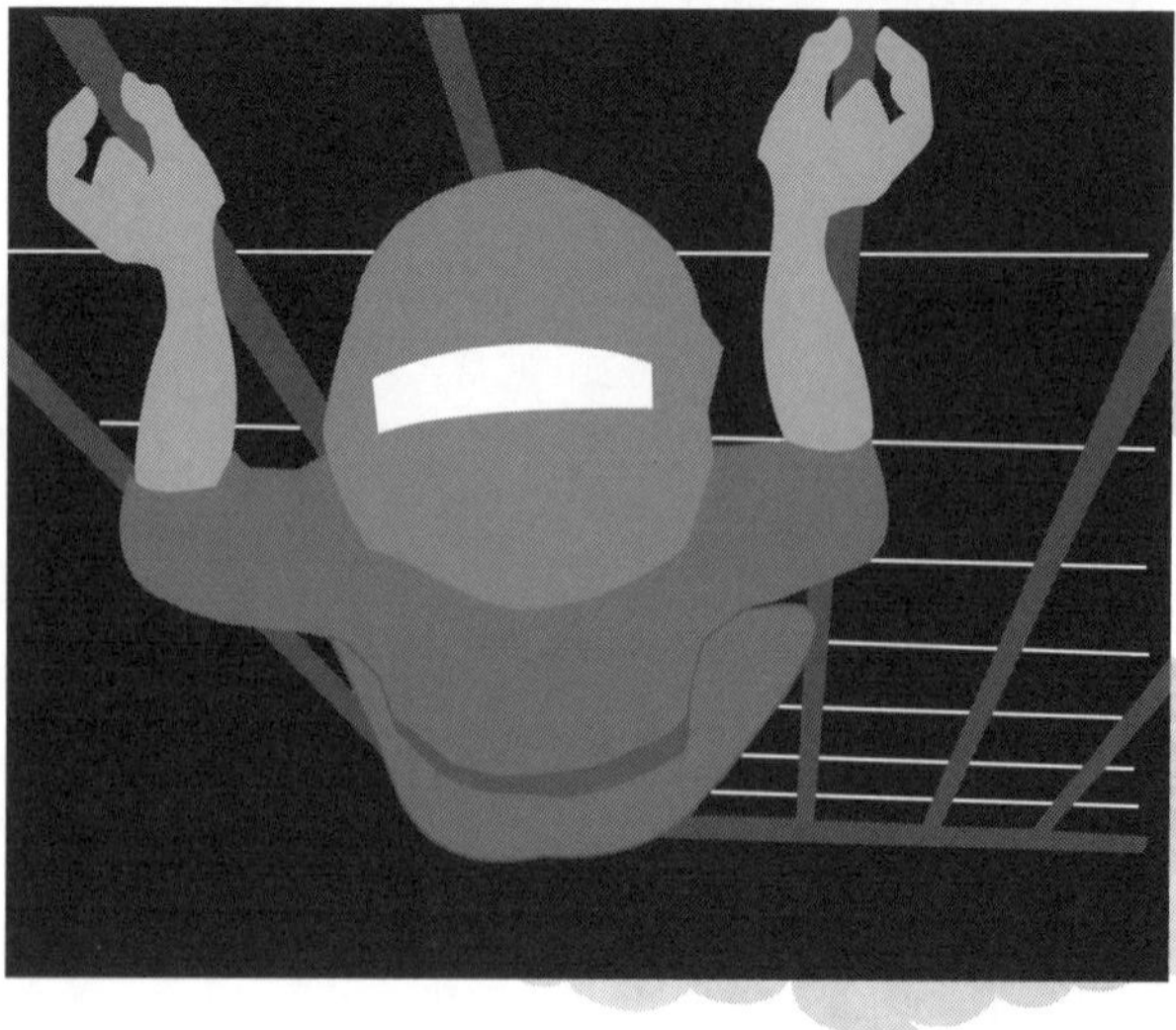

ダル取れますかっていう事ですよ。

多田　やっぱり、やってない人に比べればはるかに凄いけれども、まあ、差はいろいろあったと。

川上　能力以上の事はできない。でも、その能力の限界はどんどん広げて行く。それが基本ですね。

心身不離の〝集中力〟

多田　精神鍛錬というのもありそうな印象ですが……。

川上　精神だけとか、身体だけ、というのはないんですよ、本質的には。元々心身の鍛錬ですので。身の鍛錬を続けて行くと、心の鍛錬にもなっていくと、そういう考えなんですね。一体化してるんです。実戦の知識とか知恵とかが、鍛錬によって一体化するというか。鍛錬がなくて知識だけでは本当に忍びの術を修得する事はできないんですね。忍びの知識と知恵、それと実戦技術、それを修行を通じて一体化する。そうすると、心身一如になる。

多田　心理的に動揺した時に、体に知らないうちに力が入ってたりしますからね。その時に、要らない力を抜くとか、呼吸を整えるとか、そういう事ができると、それに従って気持ちも落ち着きますよね。

川上　そうですね。明らかに、分けたものではない。心身一如というのは武術でも言いますよね。それは忍術も一緒なんです。

多田　蝋燭を見つめたりする鍛錬があるとか……。

川上　それも、要するに身体能力っていうかな……、そういうものを高める方法ですよね。〝集中力〟って、

忍術における鍛錬②

〝集中力を鍛える〟

蝋燭の炎を見つめ続ける「灯火法」（上写真）。次第に炎が大きく見えるようになり、やがて自分がその炎と一体化したかのような感覚になる。この状態になるといわゆる〝外界〟すなわち目に見えないところの様子がわかるようになる。下写真は森羅万象・真理を統合し、身を護り世を護る事を念ずる秘印「四明印」。心理・精神とて、あくまで身体性の延長線上にあり、だからこそ鍛錬法が存在する。

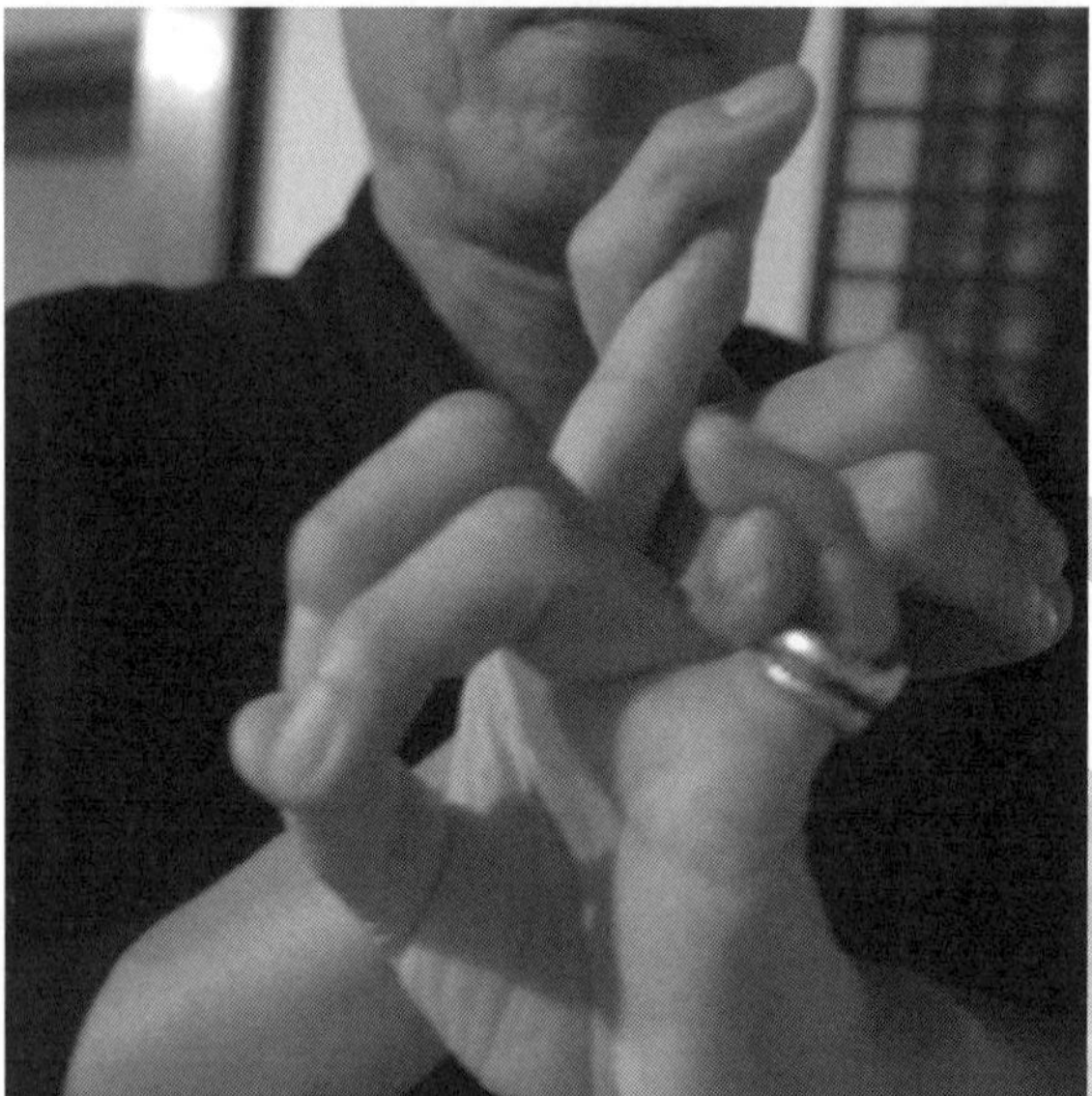

身体能力でしょう。

多田　五感も肉体の一部ですよね。視覚とかを通じて……。

川上　そうですね。視力を向上させるとか聴力を向上させるとか、そういうものはほとんど望めないですよ。ただ、集中するから聴きやすくなる、集中するから見えやすくなる、という方が大きいですよね。昔の人の方が目はある程度良かったかもしれない。ただし、栄養状態は悪いですからね。果たしてどこまで、どうだったかというのは分からないですけど。船乗りは皆目がいい、というのは、いつも遠くを見てるからですよね。アフリカの原野で暮らしてる人達もそうですね。でも、日本に来て生活してるとだんだん落ちてくるって言います。

多田　近眼になるのも、いろんな理由があるそうです。一つは、元々は人類にとって、こういう近い距離の方がストレスならしいですね。だからそのストレスを緩和するために目が近く、適応する事によって、結果として近眼になるっていう。本来は別に、近い所を見たかった訳じゃない、みたいな説もあるんです。

川上　トレーニングして遠視を作ろうっていうのもあってね、小さな点をじっと見つめるとか、精神統一みたいな事をするんですが、心と分離してる訳じゃない。動かすのは体で、じっとしてるのは心、っていうのがわかりやすいので、そういう言い方をされる事が多いんですけどね。

多田　座禅もそうですけど、意外にじっとしている時に感じられる身体感覚って重要ですよね。

川上　そうですね。じっとしてないとわからない感覚というのがけっこうあるんです。

多田　動いているとやっぱりその動く事や周りに注意がいってしまう。だから自分の体内ってあまりゆっくり味わえない。心理状態もよくわからないですよね。動揺する事も……動揺すると、じっとしていられなくて、歩き回ったり、忙しく何かやり続けたりしてしまう場合ってありますけど、それでは、自分が本当に動揺してるってことも認識しにくいかもしれません。どうして心が乱れているのかっていうのは、静かに考えたほうが分かったりします。

川上 とくに呪術のような、印を結んだり、そういうものを精神や心の方の鍛錬だと、私は説明の時には分けるんですが、実はそういうものではなくて、一体化したものなんです。こう、静めてるっていう事は、要するに神経系をおさめてる訳ですから。これ、明らかに身体ですね。これを作法によって、ごまかしてる訳です。だから別にいろはにほへとでもＡＢＣでも、何でもいいんです本当は。

多田 逆に言うと、凄い所を跳び越えるとかは身体技能の世界って思ってますけど、そういうのも、心理的なものができてないと、絶対に跳べないですよね。

川上 射撃の人達がよく自己催眠の訓練をしたりしますよね。あれは、手元でちょっとズレるだけでも当たらない訳ですから、ああいう顕著に顕われるものは、なお、心を静めるというか、自己暗示の練習をするらしいです。それも一体化してるからですよね。別々なら、そんな事、効果がない訳です。

多田 今〝私、集中力がない〟っていう人はけっこういると思うんですけど、そういう人達に何か薦められるとすれば、どういうアドバイスができますか?

川上 それはやっぱり、落ち着きがないからでしょ（笑）。それと、好みのものでない、という事がありますよね。やっぱり、自分の集中できる事を見つけるのが一番でしょ。一番手っ取り早い。

多田 確かに、嫌いな事しか選択肢がない中で、集中力だけ磨こうとしても、まあ、難しいですよね。好きな事で無我夢中になって、潜在意識から立ち上がるようなところを経験しておけば、どういうのが集中している状態かっていうのが、多少わかってくるとは思いますね。

川上 集中力だけを養おうと何かやっても、なかなかそれは難しいと思います。幼少の頃からやっていればまた別ですよ。要するに知識から入ってくるようになると、なかなか難しいんですよ。すぐ頭が働く。

多田 寝よう寝ようとすると、かえって眠れないような感じで、集中はしようしようと思うと、できなくないですか？

川上 できないですね。

多田 何かをずっと考えたりとか見たりとかしているうちに、気付いたら集中した状態に入ってる、みたいな。

川上 気付いたら、無心の中に集中が出てくる。その方が本当は集中してるんだと思うんです。無我になるってあるでしょ。あれ、無我になろうなろうって思ったら……。

多田 なれないですよね。我が命令している訳ですから、我がどんどん強くなる。

川上 なかなか難しいのは難しいんですけど。体と心を別々に考えると、まずいと思うんですね。

考えず、日常的に

多田 今、一般的なイメージとしては、忍者って普通の人じゃやらないような苦行を重ねたスーパーマン、っていう所がある気がしますね。

川上 それもあるでしょう。それがなかった、ゼロということではないですね。トレーニングは必要ですから。でも、基本的には日常の中で鍛錬を行なっていた。常日頃からそういうことをやってる訳です。私たちが学んだような、実際に体を動かしてうんぬんというようなことを、本当にどのようにやっていたのか、ということはわからない。記録がない。日常は記録に残らないですから。でもおそらくそれらは、それなりにあっただろうし、生活の中にあったんだろうと思うんです。例えば、木に登って枝打ちする、そのためには木に登らなければなりませんからね。そういう中でそういうことは培っていくし、怪我をすれば草をつんで、こうするんだというようなことはその場その場で伝えてきたんだと思うんです。

多田 どうしても現代の教育スタイルっていうか、学校っていう教育スタイルに馴れると、いかにも「はい、今から忍術の修行ね」みたいな。そういうイメージになりますけどね。

川上 道場があって、みたいなね。そんなガチガチのイメージじゃない。

多田 すごく苦労して、強い忍びになったみたいな、そういうストーリーとかイメージっていうのは、スポ根ものに近いんじゃないですか。そういうのも、もちろん人気もあると思いますけど、まあ、いくらでも変えていけるっていうか。スポーツもだんだん、無理矢理頑張っても知れてる、みたいなこともわかり始めてるみたいですし。もちろん、すごくやってますけど、トップの人たちは。

川上 そうですね。

多田 世界の男子、400メートルハードルでメダルをとった為末大選手がツイッターで言ってたんですけど、みんな、いつかオリンピックに行くかもしれない子供たちに頑張れ頑張れって、頑張らそうとするけど、はっきり言って、頑張ってメダルとれるほど甘い世界じゃないと。もう、この一言、好きでしょうがないです。やっぱり、無理矢理頑張って出る成果と、本当に向いてて大好きで、嬉々としてやり続けた末の成果って違いますよね。そういうことを考えても、案外、伊賀甲賀の人たちっていうのは、自分で考えて、家々で工夫して、まあ〝楽しむ〟までいったかどうかわからないですけど、自発的にやっていったから、他の地域より格段に伸びたのかもしれないですね。苦しい苦しい、うぅーーっ、やれやれとか（笑）、そういう感じでもない。忍術には、これとこれが必要で、このトレーニングを十回やったら今日はＯＫ、終了とか。そんな、強制的な固いことじゃなくて、これ、役立つから身につけようって、自然にやるんでしょうしね。

川上　学者によってはね、忍術なんていうものはなかった、とか、極論なんですけどそういう説があるにはあるんです。それは、あながち間違ってはいないんですね。普通の武術とか、そういうイメージでとらまえるとそうなるんですよ。でも忍びの者がいて、忍びという技術があったら、当然、それをまとめた忍術があってしかるべきで、現実に書いたものが残ってる訳ですから、それはあった訳です。そういうものがあったら、当然、トレーニングが行なわれる訳ですね。

多田　トレーニングはもちろんあるんですけど、そのイメージがね。現代って、日々生活するだけじゃ、体を動かす機会とか、いろいろ薬草とか学んだり、食物育てたりとか、そういうことを学ぶチャンスも少ないし、動く機会が圧倒的にないですよね。だから、〝トレーニング〟って言ってやらなきゃいけないと思うんですけど、昔って、別に……。

川上　生活の中でね。

多田　あっちの山まで使いに行ってこい、ってなったら、それもう、走ってるし、みたいな。

川上　田んぼを耕すだけでね、それを刀に置き換えたら、とんでもなくうまい。座るのは下に正座したり

胡座かいて座ってるから、立ったり座ったりすること自体で足が強くなっている。トイレはいつもしゃがんでね。こんな小さい時から毎日やってる。だから、股割りはずっとできてる訳です。いつも重心は下にある。おまけに民族的特徴で、草食的やから胴が長くて足が短いから重心が下にある訳です。そういう意味で、武術的に言っても非常に秀でていたんです。今はわざわざ金出して、動かない自転車乗ったりね（笑）。

多田　その自転車に乗るために、ジムに車で行ったりするでしょ。最近だいぶ気付いて、都会でも自転車通勤の人とかが増えて来ましたけど。そうすればいいのに。外の方が動かない自転車より気持ちいいよ、みたいな。

川上　金出してまで（笑）。

多田　あれって、今どんな速さで走ってるとかが出て、電気代要ったりとかしてませんか。そんなんだったら、走って電気起こすマシンで走ったらと思うんですよ。

川上　（笑）

多田　江戸以前の日本人の視点で見ると、思うことといっぱいありますけどね。

川上　断食道場で金出して飯食わないとかね（笑）。

多田　（笑）そうそう。今、モンゴル人ばっかり相撲強い、とかもモンゴル人って、日々生活で重いもの持ったりしてるから、根本的に強いんですよね。

川上　馬に跨がってるでしょ。だから、いつも股割りできてるんですよ。バランス感覚も鍛えられてるし。だから強いんですね。

多田　日本人も元々はね。

川上　そうですよね。だから、これからどんどん弱くなっていきますよ。そういう意味でね。そのかわり、見た目はカッコ良く見えますよ。スラッとして。スラッとしてるのがカッコ良いとするならばですよ。

多田　本当に平成生まれの子って、体形違いますよね。

川上　やっぱり、日常の中でのトレーニングっていうか、日常生活自体もトレーニングになってるし、日々の生活の中で鍛錬を積むっていう風に教えられるんですよ。呼吸っていうものも習うんですけど、それは「今から呼吸練習します」という事じゃないんです。自分が意識する時に適当にやればいいんですよ。

多田　そこがなかなか現代人に、習い事で武術やったり、そういう感覚の人にとってはわかりづらいですよね。

川上　「時間がない」とか、そういう事言うんですよ。時間なんか、なんぼでもあるんですよ。道歩いてる時に、いろんな歩き方したりとか。つま先だけで歩いたり、そんなので鍛錬になる。時間がない、というのは言い訳ですね。だから、日々の中で、鍛錬。そんなもの、何の役に立つか、わからないですよ。疑問に思ったらなんもできない。だから疑問に思わない年齢くらいからやるといい。

多田　親とかも、みんなやってるし、みたいな。

川上　見よう見まねでやる。

多田　子供って意外と何か狙ったり、考えて始めるんじゃなくて、目の前にあるから真似する、みたいな始まりが多いですよね。

川上　癖なんて、親の癖見て真似してるからでしょ。

多田　真似しろって言わなくてもしますよね。

川上　自然自然とね。おそらくよちよちしていた頃から、だんだんと学んで行く。泥道歩いたりということもやって、そういうことも自然とできてくる。

多田　やっぱり、親がちょっと、どこか登るとか、何かやるのを見ていて「おっ！」と思って、「面白いな」と思ったら、やりますよね。

川上　すぐ真似する。それを「真似る」から「学ぶ」が始まるというね。「学ぶ」って「真似ぶ」から来てるっ

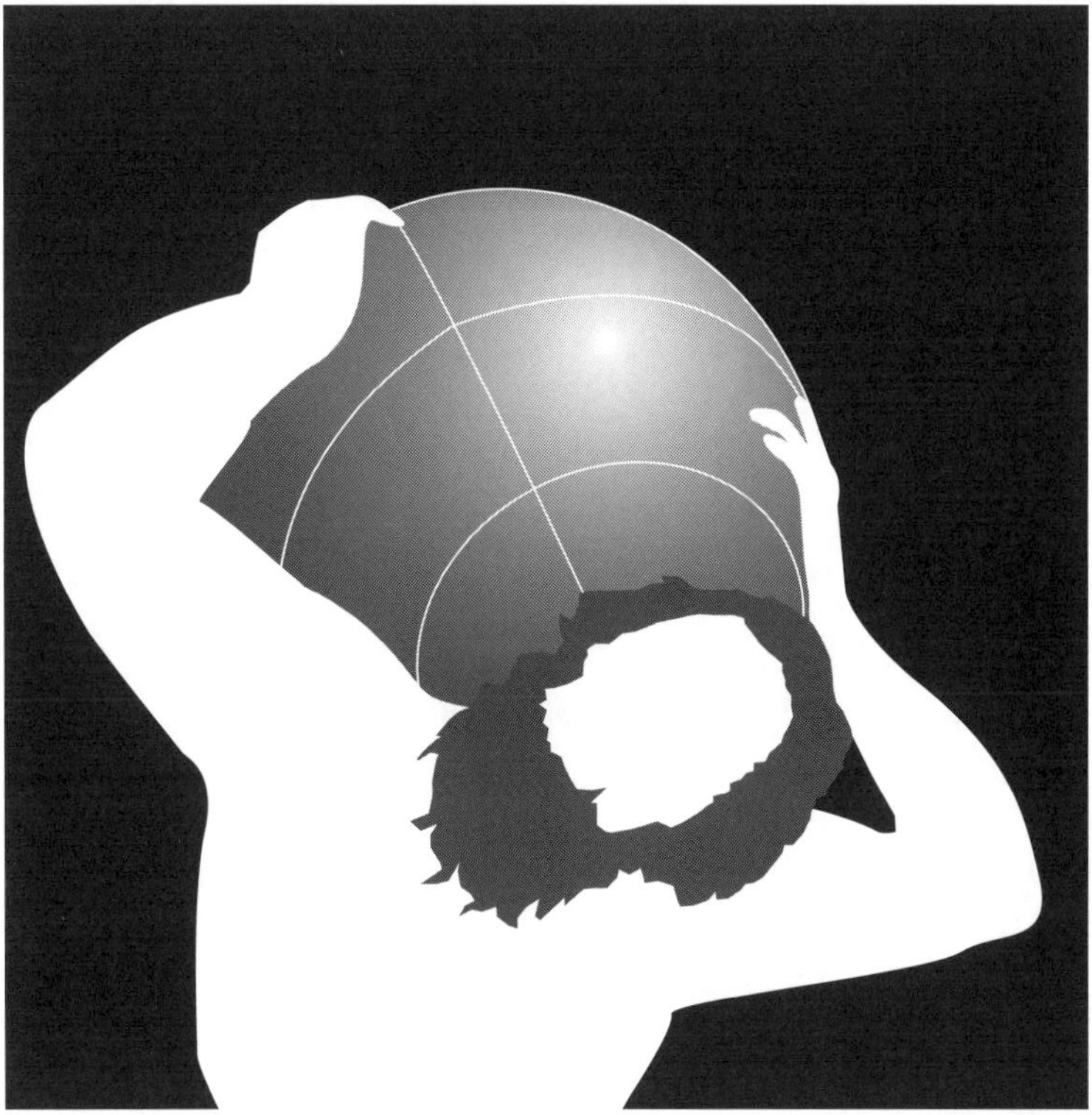

て言うけど、その通りだと思う。

多田　伊賀の忍びと関連深いですけど、お能も、けっこう無理矢理はやらせないみたいですね。小さいときからおじいちゃんとかが、遊ばせたりして、勝手にやりたくなって、気付いたら好きになってしまってるから、後、厳しくなってもやめられない。

川上　たぶんそうだと思いますね。だから「嫌」とかどうか、というのもない訳なんです。知らないうちに、入ってしまうからね。

多田　「忍耐」っていうと、嫌なことを我慢するイメージがありますけど、そういう訳でもないんですよね。

川上　そうじゃない。例えば、東北の人、ああいう寒い、雪の深いところで、津波もくる大変なところでね、そんなの好き好んでやる人はいないけれども、そこに生まれて来たんだから、それが染み込んで行く訳でしょ。

多田　当たり前のように。

川上　それが外から見ると「忍耐強い」っていうように見える訳でしょ。他の人は我慢できないから。私らならとても耐えられんわってね。でもそこにいれば、それなりになっていくんじゃないかな。順応していく。

多田　それにしても、忍術っていうのは身につけないとならない技とか、いろんなものが、多いですよね。

川上　多いですね。だから、小さい頃からじゃないと。私、一番思うのはね、物心がつきすぎると、理屈で考えてしまうんですよ。

川上　ああ、もう、大脳に支配されてしまう。

川上　聞いてしまうと、もうできる気になって、やらないとかね。

多田　はいはいはい。

川上　なんか、しないんです。武術なんかでも、よくあるでしょ。「型」なんかそうですよね。「型」なんか、五、六回やったら、すぐできるようになりますよ。するともうできた気になるんですよね。

多田　手順を覚えたら、「わかった」と思ってしまう。武術の永遠の課題ですね。

川上　それで、「あそこの流儀は大した事なかった」とか。どれだけやったんだっていう話（笑）。

多田　確かに。

川上　「どこどこの流儀は凄かった」とか。それもたままその人がちょっと凄かった、ってだけ。頭先行になるのは、物心つきすぎると、そうなるんです。

多田　体得する欲求から、知識欲にすり替わってしまうんですよね。

川上　興味持ちすぎると、駄目なんですよ。

多田　はあー。

川上　興味持ちすぎると、知ろう知ろうとして、頭でっかちになってしまって、身体では、やらなくなるんです。

多田　興味持ちすぎたら……。今なんか、ひどいですよね。「型」覚えるまで、やればまだアレですけど、ビデオで撮って終わり、とかね。これでこの流派とった、みたいな（笑）。

川上　（笑）。それで、比較するんですよ。またどこか行ってね。

多田　そうなんですね。この流派はこうで…って。

川上　だから、興味持ちすぎるとね。過ぎたるは及ばざるがごとしで、やっぱりなんでも適当なところじゃないと駄目。

多田　興味持ってないのに、例えば歩き方とか呼吸とか、ほとんど毎日毎日みたいに、やるっていうのは、何なんでしょうね。

川上　だから、あんなもの、何も考えんから、やるんで。考えたら、やらない。

多田　どうでしょう。私なんか、武術とかそういうものを、それこそ大人になってからやってるので、やっぱりやるには、なにかスイッチっていうか、「やろう」っていうモチベーションなり興味なりがないとできないと思いますけどね。子供ってそうでもないんですかね。

川上 子供は乾いた砂みたいなもんですからね。少しでも水気あったら、全部吸っちゃいますよ。でも、飽和するんですよ。そうするとやっぱり蒸発させないと、次が入りませんからね。やっぱり「考える」ってなってくると、吸う量は減ってきますよね。

多田 やっぱりでも、面白そうとか、やっていくことによって自分の身体が変わっていくとか、できることが増えるとか、そういうことが面白いとかはあるんですかね。

川上 それはあるでしょう。興味を持たせるというのは、最初は要るでしょうけどね。何もないとそれはできませんし、やらない。だから、おだてたり、「上手上手」って子供にさせるのと一緒だと思いますね。

多田 あと、その師匠にあたる人に興味があるとか。ああいうことができるようになりたいとか。

川上 憧れみたいな。よくマジシャンになる人は、見てて凄いと感じて、自分でやりたいと思ったと。

多田 ああ、なるほど。マジックに置き換えてみるとわかりやすいかもしれない。確かに、見てるうちにやりたくなりますよね。また、タネがちょっとわかって、できそうなのがあると、やってしまいます。

川上 やってしまうんですよ。それで誰かが「うわっ、凄いな」なんて言ってくれるとね、なお、やるでしょ。

多田 今考えると幼稚でしたけど、昔、マジックがやたら好きだった時がありました。すごい原始的なのだけですよ。鉛筆にハンカチ巻き付けたら消えたとかね。

川上 (笑)

多田 (笑)もう、すぐおわかりだと思いますけど、そういうしょうもない事、延々と友達にやって。紐を振ってたら、結び目ができた、とか。やたら好きだった時期がありますよ。そういったものの延長なんですね。

川上　たぶん、そうだと思います。私はそれプラス、もう少し自虐的なのもあったのかな。「痛い」とかっていう事が、案外、嫌じゃなかった。人にやられるのは嫌ですけど（笑）。

多田　けっこう怪我してるのに、大丈夫だ、みたいな。

川上　「凄いな」って言われると、「何やこんなもん」みたいな、ええかっこしいね（笑）。「凄いなあ」って言われると、なんか自分が人より秀でたような気になるからね。カミソリで自分のを体シューって軽く切ったりね。血がでたりして。「痛くないか？」「なんてことない」って（笑）。

多田　（笑）それはおいくつくらいの時に？

川上　十八。

多田　もう皆伝くらいの時に。

川上　そうそう。そうすると、ラーメンをおごってもらえた（笑）。学校の仲間内で。

多田　高校で？

川上　ええ。「順番決めようや」って。なんか凄い事ができるとラーメンがおごってもらえる。ガラスを食べるとか。

多田　他にもやる人いるんですか？

川上　やったら誰でもできるんだけど、みんなそんな痛い事しない。

多田　その時のクラスって、どういう状態だったんですか（笑）。「川上がまたなんかやるで！」みたいな感じですか？

川上 そうそう。
多田 そういう〝出し物〟。
川上 （笑）面白いかなって。
多田 確かにムチャクチャ面白いかもしれない。
川上 誰でもできるんですよ。
多田 いや、できないです。
川上 痛いと思うからやらないんでしょ。
多田 でもそれ、今だったら先生に止められますよね。
川上 しょうもない事すんな、と。
多田 みんなに見せてワアッてなったのを、すぐ手当てする訳ですか。
川上 そうそう。あっためたら、表面だけだったら血はすぐ固まりますよ。
多田 じゃあラーメンおごるよみたいな。
川上 おいしかった。しょうもない話だけど（笑）。
多田 （笑）
川上 それは忍術とかと何の関係もないんですよ。
多田 まあでも、忍術をやってるから平気でできるっていう……。
川上 なんも関係ないです。
多田 関係ない（笑）。

川上　その気になってやれば誰でもできるんです。でも、それらしく言うとね、それらしく聞こえたりするでしょ。

多田　それって、忍術じゃないですか（笑）。

■

これが柳生新陰流の
袋竹刀ですね。
先生もおっしゃっていましたが、
新陰流の考え方は忍術に通じますね。
刀の陰に隠れるとか、
裏と表をひっくり返すとか……。
伊賀・山中にて

第五章

忍者には、見えている……

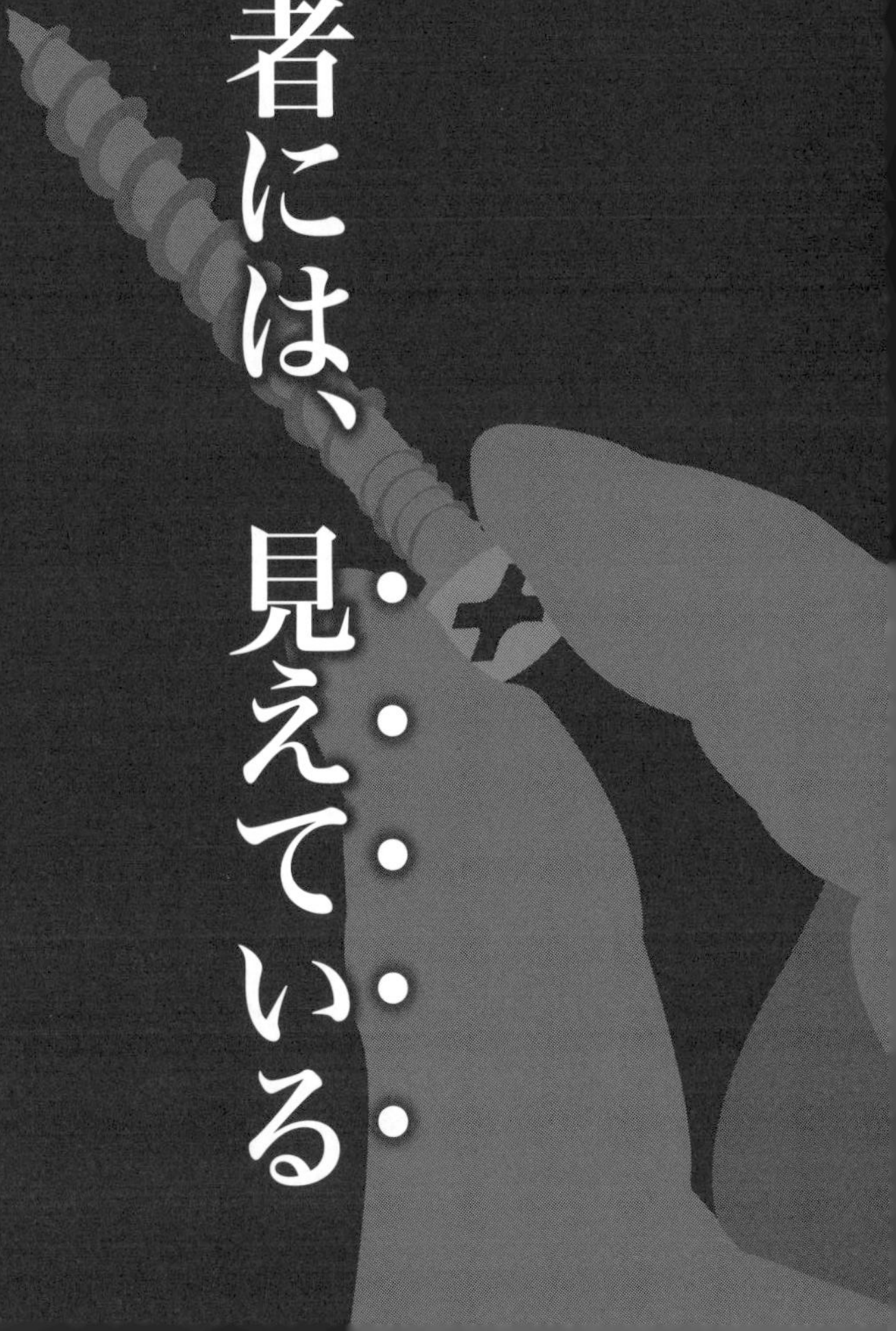

忍ぶ日本人

多田　痛さとか暑さ寒さだとか、そういうものに耐えるのも「忍」ですけど、やっぱり、変に自己主張せずに、プライドとかを満たさなくても、耐える、みたいな、そういう「忍」もありませんか？

川上　そうですね。字としては厳しい字ですよね。生の心臓の上に、刃物が乗っている象形文字ですから。ちょっと間違うと死んでしまう。その、動かないじっとしてる状態が「忍」。忍術というのはその術であるという訳です。間者の「間」じゃない。だから「スパイ」だなんて簡単に言うと、それは違う。ただし江戸時代に「間法」って書いているものもあるんですよ。「陰術」っていう場合もある。そういう表現はあるんですけど、大多数においては「忍術」ですよね。なぜ日本でその字を用いたか。やっぱり独特の部分であって大陸伝来のものではない。それで、よく言うのが「日本人は〝忍者的〟でよくわからん」と。でも、日本人同士はわかってるんですよ。

多田　皆まで言わなくても。

川上　結局最後までわからん。途中で止めてもいいんですよ。

多田　ああ、日本語って結論が最後だから。

川上　他にもそういう言語はありますよ。でも日本語は顕著なんです。それでも「わかったわかった」って、なるんです。それが相手の様子を探るって、もの凄く日本に向いてると思うんです。日本人はスパイに向かない、という説があるんですけど、私はそうじゃなくて、様子を探ったりするのは日本人ほど向いてるものはないと思います。表情から読めないでしょ、日本人って。

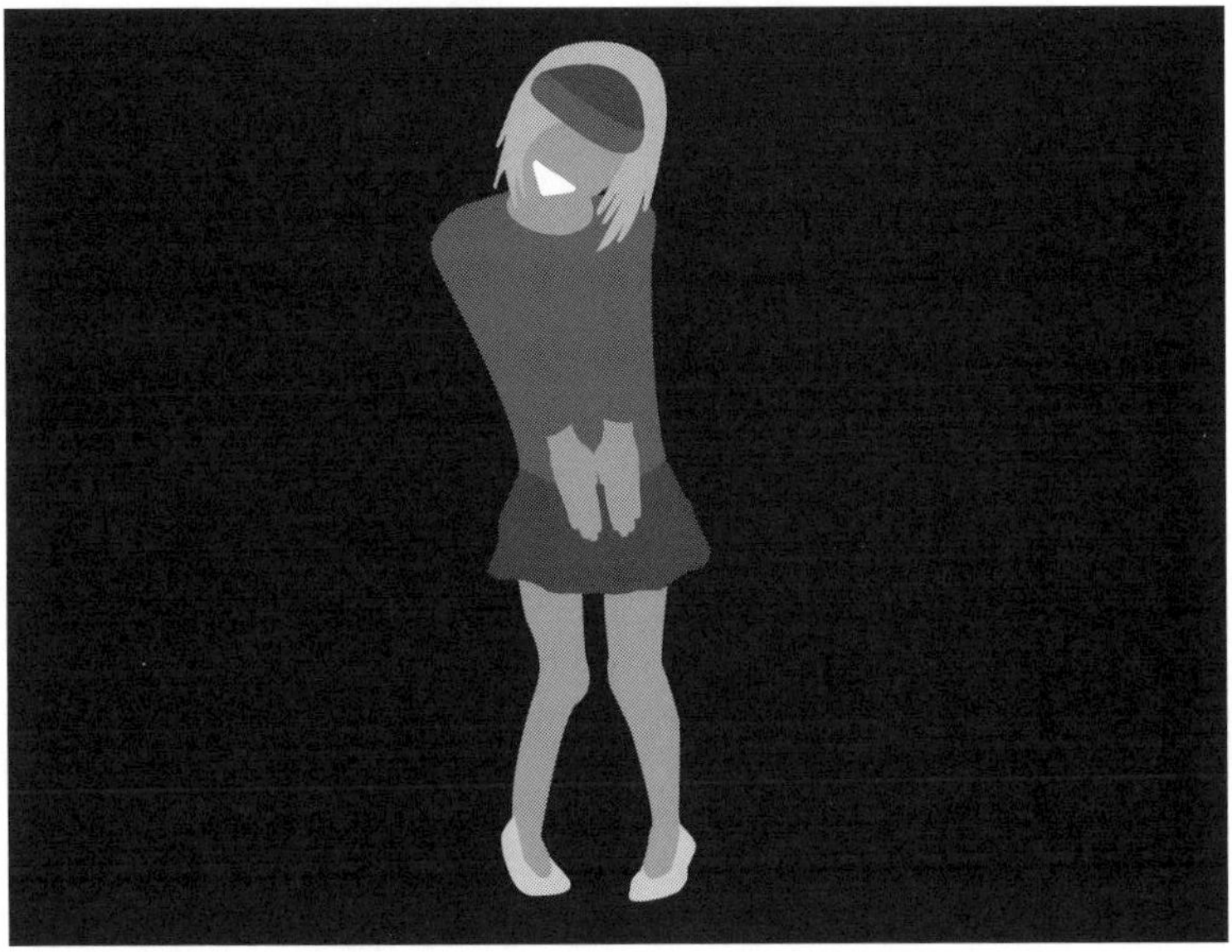

多田　読まれないですよね、確かに。日本人は単純で外交下手みたいに言われてますけど、本来的には上手いですよね。
川上　上手いんです。一番上手いと思うんですよ。
多田　日本人はビジネスでも海外で成功してますけど、それが証拠ですよね。本来、探るの上手いですよね。油断させるのも上手いですし。
川上　日露戦争の時に明石という軍人が行って向こうでロシア革命を起こして戦局を有利に導いたんです。あれは日本人だからできた。忍者じゃないですけど、忍者的働きをした人ですね。
多田　「明石の大将」でしたっけ。……確かに、上手いですよね。
川上　だから体術とか、身体使ってどうのこうのよりは、頭巡らせて、っていうのが上手いんですよ。
多田　芸能人も上手いですよね。アイドルとかでも、けっこう海外行ってライブして成功してますし。心をつかめるっていうか、サービス業も向いてますよね。「いらっしゃいませーっ！」とか（笑）。

川上 あんなの、日本人しかできんでしょう。

多田 女の子が高い声でブリっ子して「いらっしゃいませーっ！」って、日本にしかない文化ですよね。アメリカ人って、高校生くらいですっかり大人ですから。

川上 そう。声から態度から。

多田 「いらっしゃいませーっ！」とか言わないですよね。わざと内股でこんな風にしたり（笑）。

川上 あれ、外国人が見るとビックリするらしいですよ。

多田 今はもうカワイイ文化がだいぶ広まってますけど、やっぱり外国人がコスプレしててもなんか……。ヨーロッパのお人形さんみたいな格好……あれ、日本人がやったら本当にお人形さんみたいなんですけど、欧米人がやってると、仕草とか表情とかに、微妙に人間らしさが出て、単に大人が、昔の子供の服着てるだけ、みたいに見えますよね。リアルになっちゃうというか（笑）。もちろん人とかモデルとかによりますけど。あの日本人の、ある意味、我が消えてて、別次元に行ってるみたいな感じは、何なんでしょうね。

川上 電話に出るとね、日本の女の人ってカワイイ声になるんですよ。

多田 あ、ワントーン上げてね。で、家族だったらすぐ戻ったりして（笑）。

川上 あんなの外国人はないです。

多田 男でも営業用は高くなりますからね。

川上 男ですらね。だから全然違うんですよ。かといってね、本質見せないんですよ。怒ってても笑うでしょ、日本人は。

多田　そうなんですよね。
川上　同じアジアでも、他の国はモロです。
多田　そうなんですよね。だからアジアの特性って訳じゃない。インド人はけっこう本音が見えづらいって何かのテレビで言ってましたけど。
川上　インドネシア人が怒らないとか、そういうのはあるらしいですけどね。
多田　韓国、中国はストレートですよね。ある意味中国人とアメリカ人なんて、合うんじゃないかと思うんですけど（笑）。
川上　今みたいにグローバル化した状況下で、国際的に我々みたいなのがいいのかはわからないですよ。でも、人間関係からみたらいいんじゃないかという風に思いますね。最終的には私たちみたいな文化が求められていって、世界はみんなそういったものを求めて動いてるんじゃないかという風に思いますよ。
多田　やっと、この価値に気付いてもらえてきた。日本人はただのエコノミック・アニマルでもなければ、ほわーっとしてる訳でもないって事が、やっとわかってきてくれてるんじゃないかな、という気がしますね。
川上　そうだと思いますよ。忍者の本質というのも〝和〟なんです。要するに、忍者の基本は、我慢して、争わない、争っても最小限に食い止める、そういったところにあるんだというような事を知ってもらうと、また違うんでしょうけど、まだそのへんまでの広報はできてない。
多田　国内でもなかなかできない。
川上　できてないですよね。
多田　やっぱり、忍者とか忍術のすごいところは、普通損な役回り…我慢するみたいな、そういうのを術として確立させていて、しかも積極的にやって、それこそ痛い思いをする事でも、「痛い思いをさせられた」ってなったら被害者ですけど、自分からやって「どうだ！」って言えば、こっちの方が、強い。

川上　（笑）

多田　血が出てるのに、こっちの方が強いっていう（笑）。なんかそれはすごい、興味深いというか、独特で。今も、それこそ薄給で働かされてる人とかいろんな人が、〝やらされてる感〟の中で耐えてたら、なんか、爆発しちゃうと思う。

川上　逃げて行くか、爆発するか、どっちかでしょうね。

多田　それを、なんか、耐えてるとか、それをやってる人の方がエラい、みたいな。そういう発想、自分から「こんなにできてるんだぞ」みたいな気持ちでやるように発想が転換しないものかなって思うんです。

川上　昔はそれこそ血が出るまで働いたという話をよく聞くでしょう。それが自慢になった。昔はそういう風にすると、店を持つ事ができた、とか成功があったんですけど、今はやっても身体つぶすだけで、損なだけなんですよ。

多田　体調管理怠ったとか言われて……。

川上　そうそう、ほめられもしないんですよ。それは一言ほめてもらったら、また違うんでしょうけど。

多田　だから、病気になるのは悪い事だって決めつけてるんですよね。

川上　病気は、〝治そう〟というシグナルが来たときであってね、「病気になってしまった！」って思ってしまったら、当然病に負けてしまう。私も一時期は、俗に言う〝マイナス思考〟で、人がいい事言ってくれても「どうせ裏が……」と、いい風にとれなかった。ある時から、それを変えてみた。全部逆にしてみ

たんです。そうすると全然見え方が違うんですよ。いい風にとるのと悪い風にとるのでは、同じ言葉一つでもまったく、受けるエネルギーが違うんですね。最初からそんないい事ばかり思っていたらだまされて、駄目でしょうけど、どこかで、プラス的に考えるという事も必要だと思いますよ。

多田　マイナスもあり得るっていう可能性がわかりつつ、プラスの方へ意図的にとっていけばいいかもしれないですね。

川上　人間は裏ばっかりあるんじゃなくてね、いろんな人がいるっていうのを理解しないと駄目ですね。

多田　私の場合は、単に天然でというか、けっこう悪い風にとるタイプだったんですよ。でも最近けっこう、迷ったり、どっちか見極め付かない時には「渡る世間に鬼はなし」って言い聞かせるようにしてるんです。なんか「渡る世間は鬼ばかり」っていうドラマが流行ったから、そっちが日本人の耳に入ってしまってますけど、あれは「渡る世間に鬼はなし」って言ってる訳ですよね。そう思って行けば、近江商人じゃないですけど、いい風にとっていったら……「三方良し」になるのかな、と。やっぱり、悪い風にとってると、こっちの態度にも出てしまうと思うんですよ。

川上 そうですね。こちらが嫌ったら、絶対相手も嫌うんですよね。「嫌なヤツだな」と第一印象でね。だいたいの人はそうなるんでしょうけど、意外とそれはいいヤツだっていう可能性、もの凄く高いと思うんです。それはどういう風にとるかっていう事だけなんでね。やっぱり最初から〝マイナス〟だと、人間関係使えないし、相手から得る事ができないという風に思いますね。

多田 確かに。

川上 それは私、随分歳とってから気がついたんで。やっぱり、人間も歳とらんといかんのかなって思いますね（笑）。

多田 本当にね。私、四十そこそこですけど、考え方はもう、十年前とはまったく違いますね。やっぱり、時間かけないとわからない事って、確かにあります。

川上 ありますね。それとやっぱり、交わる人達も、いろいろ多方面の人と触れ合うのがいいですね。ある決まった人達、同好者ばかりだと、狭いと思います。

多田 私、最近気がついたのは、疑り深い時に限って、一定の人に対してはまったく疑うのを忘れてる事ってあると思うんですよ。その従来の人とばかり付き合っていると、世界が狭まったり。逆に、疑うなら、身近な人からいろんな人まで、全部平等に〝もしかして…〟って思うと……そうすると、自分の日常を省みられますよね。このままで、本当にいいのか、とか。なんて言うんですかね、やっぱり、常に広げていかないと、逆に、いけないのかなって。

川上　確かにそれは言えますね。狭い世界だけだと、価値観が決まってしまうでしょ。同じものでも、見え方が違うんですよね。丸ならどこからみても丸でしょうけど、世の中にあるものは、そんな単純な形じゃない。

多田　例えば自分の事をよくほめてくれる人で、ずっと仲がいいと思ってても、逆に、だいぶ経ってから嫌な所に気付いたり、全然、考え方が違ってたりして、「ガーン！」ってなる時って……（笑）。

川上　ああ、それは出てくるでしょう。

多田　それこそ、いい風に解釈していても、だんだんわかってきて、「えっ？」って思うケースも多いですし、反対に、嫌かもと感じた人が、自分にいいものをもたらしてくれる場合も。

川上　それは、出てきます。やっぱり、伊賀、甲賀は、閉鎖社会じゃないと思いますよ。村という意味でも〝閉鎖〟なんだけど、やっぱりいろんな面で、文化や交通も含めてね、いろんなものの行き来が多かった所だと思う。そうでないと、そういう磨かれたものにならないですよ。

多田　ある意味本当に〝情報の交差点〟っていうか。自然にしていても、いろいろわかりますよね。

川上　そうだと思いますね。文化には一番近い所にいた。そういう所が……特徴って言うのかなあ…。単なる、通常言うような乱破、素破、夜盗のイメージじゃない「忍びの者」、そういうものだったと思うんです。

多田　利益も追求してるんですけど、刹那的じゃないんですよね。

川上　はい、そう思います。

多田　やっぱり、文化があるから。現代人で、気が強いのに、悪さはしなかった、みたいなおじさんとかが、「いや、教養が邪魔しましてね」みたいな事を言ったりするじゃないですか（笑）。

川上　（笑）。

多田　なんか、そういう感じで、文化とか、伝統って奥行きがあると思うんですよ、精神的にも。だから、単なる盗人では、終わらない。

川上　そうですね。余裕があるんですね。遊びを持ってるんです。それはもう、やっぱり１００年、２００年、３００年経って、もう古代からの知性的なものがあったんだと思います。

多田　あと、単にそのへんの物盗ってくるより、情報の方が高く売れるんだ、とか、目の付けどころも違いますよね。

川上　人間関係は当然、できてたと思うんですよね。そういう人たちとの交流はあったと思いますからね。夜盗ばかりの仲間がいたって、何にもないでしょう。

多田　確かに。忍者って、「これが知りたい」と狙いをつけて、変装して、いざ、行く、みたいなイメージがありますけど、日頃から……。

川上　日頃から、なんですよね。

派手なばかりが花じゃない！

多田　現代人も見習えるような、忍びの者の良い所って、どんな点だと思いますか？
川上　私はあるように思わんのだけど。
多田　（笑）。
川上　現代という中から見た時ですよ。そんなにカッコ良い面もないし。要するに、草の根でね。目立たないように、誰かのために働こうやというもんですよね。それ、カッコ良いといえばカッコ良いんですよ。でも、あんまり現代人がなりたいという理想像じゃないでしょう。
多田　でも、それをやっぱり、変えたいですよね。それが実はカッコいい。
川上　そういうものになりたい、と言っても、そんなものいつでもなれるやないかいってくらいの感覚でね。それよりも世界に名を上げて、有名になって、表へ表へ、私が私がっていうのがないと駄目っていうのが言われてますよね。自己アピールしないと駄目、とかね。忍者のような、自己アピールしない、陰で功績を作って行くような、目立たないのは……。
多田　最近若者が伝統工芸の職人さんの所に急に弟子入りしたりとか、渋いものとかも、気がつけば求めてるっていう人はいる気がするんです。やっぱり寡黙で、でもピタッと質の良いものを作ってる職人さんって、カッコ良いですよね。技術なり能力なりを持ってるけども、派手にアピールしたりするんじゃないっていう。

川上　能に「秘すれば花」っていう言葉があるでしょう。私たちはあれは、芸事のイメージとは違った感じでとるんですけど。自分の喜びっていうのかな、その方がよっぽど良い事である、という風にね。

多田　誰にもわからないほうが、自分の内面の喜びは大きいっていうことですかね。それこそが、真に華のある人生だっていう。

川上　能の方の言葉とは意味合いが違うんだけれども。

多田　能では、秘しつつも見せてる訳ですよね。

川上　その方が華やいで見えるっていう部分があるんでしょうけど。奥にはもっと深い能の意味合いがあるんでしょう。今はやっぱり、世の中に認められないと駄目っていうかね。自分のスキルをアップして、それをアピールしないとっていうのが趨勢ですよね。そればっかり学校なんかで言われる訳ですよ。

多田　そうなんです。

川上　小さい時からいろんな習い事させてね、オリンピックで金メダルをって言わせる訳ですよ。
多田　それで挫折感ばっかり。
川上　挫折の人の方が多いです。なれる訳ないですよ。ほとんどの人はね。そういった時に、応援歌になるね、忍者は（笑）。大多数はそういう人なんですよ。大多数の人がいるから、華やいだ部分が見える訳で、そうじゃなくみんな同じだったら、誰も見えない。見えない陰の功を積むっていうのは、すばらしい事だとは思うけれども、今の生き方、教育っていう上では、あまり賛成されないんじゃないかと思いますね。
多田　でも、そういう部分を日本人が忘れてしまってから、教育とか精神が行き詰まってるじゃないですか。そこに、こういう面を思い起こさせる事によって変わるかなと。
川上　陰の部分にも大切さがある、そういう意味合いが付加されればまた変わるかもしれないですね。ほとんどの人がそうですからね。みなさん錯覚して、〝自分に能力がある〟と信じてしまって、私に向いてる仕事がないとかね。世の中に自分にピッタリなんて、ないんですよ。与えられた部分を一所懸命やってたら芽が出るかどうかです。出ればいいけど、ほとんど出ないですよね。それが世の中ってもんですよね。それが素晴らしいんだという事なんですよ（笑）。
多田　みんな夢をもってやりたい事をやるべき、みたいな考え方があって、でも、できなかった、っていう人がほとんどですよね。じゃあ、やりたい事を仕事にできた人はどうなのか、と。スポーツ選手みたいに競争に勝って、プロになる人もいるでしょう。でも、それも、ある程度の年齢になると限界が来て、セカンドキャリアを考えることになり、これは通常の人より困難な転身になるかもしれません。
私も一応、好きな〝作家〟を生業にしていますけど、初めから目指していた訳ではないんです。元々は普通に就職しましたし、普通に生きようと思っていたんですよ。それで、普通に会社員をしようと思ったらできなくて……。実は、この原因のひとつは、「やりたいことがあったから」なんです。すごくやりたいことがあったから、そうじゃない会社の仕事が異常に苦痛だった。無理をしてると、人間、病気になるんですよ。会社を辞めざるをえなくなった時は、敗北者の感覚でしたね。社会から転落したような感じ。だから、「やりたいことがあって、いいね」みたいなことを、安易に言われると、「いや、いい事ばっかりじゃありませんよ」と思いますね。

私は、向いてない仕事をするのには反対ですが、やりたいことがないとか、個性がないとか言って悩む必要はないと思います。やりたいことがない人というのは、今の社会にうまく適応できているということかもしれないいんです。何もできない無気力状態なら問題ですが、元気な人は、すでにあるバイトとか会社の仕事に対して、それほど激しい違和感がないのではないかと。これは、生きる上で大きな強みです。

今ぐらいの歳になると、結局みんな一緒で一所懸命働かなきゃならない中で、自分の役割っていうのをやっと見出して、それをやってるっていう感覚なんですけど。もっと、地味に働いてる人が、それぞれ自尊心を持てればいいのに、と思いますね。実際、一見地味に見える仕事が向いてる人って、沢山いると思うんですよ。

川上　そうですね。

多田　別に全員が生まれつき個性的な訳じゃないし、個性的な人間から言わせると、好きで個性的な訳でもないんですよ。個性って取り除けないからしようがないものなんで、そんなに突出した部分がなくてバランスが取れていて、社会で上手くやって行けていたら、それはむしろ素晴らしいじゃないかと思うんですけど、どうも、それじゃ駄目なんじゃないかってみんな思わされてるから。

川上　思わされてる所があるんですよね。でも、その方が、グローバルの時代ではね、生きて行きやすいっていうのかな。その方が認められる訳ですよね。

多田　キャラが立ってるとか、特徴がある方が……。

川上　でも、そんな人間はね、少ないんですよ、圧倒的に。圧倒的大多数っていうのは、要するに〝草の根〟なんですね。

多田　確かにいくら優れていても、多かったら目立たないですよね。

川上　目立たない。

多田　今、コンビニとかでバイトしてる若い子って、メチャクチャ優秀だと思いますけどね。パッパパッパなんでもわかって。あんな仕事って、自分では絶対できないと思います。でもなかなかそれで、凄く誇りを持ってる人ってあまりいないかもしれないし。

川上　「天職」とかいうけどね、たまたまついた仕事は〝与えられた仕事〟なんですよ。「天」からね。「天」ってなにやらよくわからんけども。

多田　変わった、独特な仕事じゃなくても「天職」かもしれないですよね。

川上　そうですよ。そこで最善をつくすっていうのは一番素晴らしいんで。それで、私は、この、有名な車のビスを作ってるんだ、っていう、それだけでも誇りになるような教育だったらね、忍者っぽい訳です（笑）。

多田　そうですよね。

川上　私のビスがなかったらあの車は動かないんだと。忍びの者が何か重要な仕事を成し遂げても、それこそ本当の「忍びの者」で、表面的には何も出て来ない。でもやった人は痛快だと思うんですね。実は裏で、こつこつやってるのが喜びである、それが忍びの者である、という風に書いてある訳ですよ江戸時代に。

多田　ああ、書いてあるんですか。

川上　書いてあるんです。だから表で「私が」じゃなくてね、その裏に私がおるんだっていう自負で十分である、という風に書いてあるんです。

多田　それで、動いて行く表の状況を見て……。

川上　みな、実はワシがやってやったんだ……という喜びですよ。今、現在では、そういうところはウケないですよ。もっとアピールしないと。

多田　今はね。そういう意味では面白くないですよね。時代劇でも、昔は、本当に凄い人は、意外と、しみったれた居酒屋のおじいさんだったりとか。それが本当のボスだったり、盗人の頭だったり（笑）。それって日本人にはピッタリの美学だと思うんですけれども。

川上　でもなかなか今は、そういう事を言っても……。

多田　たしかに「個」でね、〝自分が何をやったか〟みたいな。

川上　アピールしないと認められにくい。それも一番にならないといけない。それを目指す。

多田　結局みんなで目指せば目指すほど、埋もれちゃう。

川上　そうです。大多数は平凡な人間ですからね。平凡な人間っていうのは、あらゆる能力が均等にある訳ですよね。

多田　そうなんですよ。

川上　本当は素晴らしいんですよね。

多田　凄いと思いますよ。

川上　突出した選手っていうのは、常識的な部分があまりないかもわからない。

多田　そうですね。本当に、全体的な能力って、人間、そんなに変わらないですよね。

川上　性格なんかも含めてね。メチャクチャ頭もいいし運動もできるけれども、もの凄く性格ひねくれとる、というのもあるかもしれない（笑）。

多田　ありますあります。マイナスの事にはプラスの事がついてきて、プラスの事にはマイナスの事がついてくる。

川上　〝綾〟のようになってる訳ですからね。ずーっとプラスっていう事は、あり得ないんです。

多田　今の人って、目に見えないプラスっていうのを感じ取れないですよね。見えないと駄目、しかも短期的に。

川上　会社だと〝成果〟っていう事でね、いくら儲かったか。

多田　ちょっと営利団体が多すぎますよね。最近、社会起業家とかありますけど、そういうものが本来もっとあってしかるべきかなと。それに、何でこんなに……、大半が農民だった日本人が、ビジネス、ビジネスって、商人にばっかりならないといけないの、みたいなね（笑）。

川上　（笑）。

多田　向いてない人、多いですよ。上手い事、できないです。

川上　商売はね、「三方よし」だったらいいんだけれど、だいたいはね、安く作って高く売るんですよ。

多田　そうですよね。それをやった人が現代では手柄になるでしょう。なんだったら、お金転がした方がもっと儲かる。

川上　何にもしなくてもね。マネーゲームみたいな話で。

多田　昔の仏教的な思想からすると、不労所得なんて得たら、徳を損なって、子々孫々にどんな災いが起きるかわからないっていう感じですけど（笑）。

川上　本来は〝お布施〟ですよ。施しをしないといけない。という事を、今、あまりやらないですよね。金持ちになって、自分に一杯着けて見せびらかしたりはするけれども。その一個をどこかの慈善団体かなんかに出せば、何人かが助かる、っていう事をしないですよね。してる人はしてるかもしれないけれども。

多田　最近やっとテレビとかが、「幸せボンビーガール」じゃないですけど、金持ちを成功者として紹介するだけじゃなくて、そうじゃない人の価値とかを上手く切り取ろうとしていて。多様な視点も、ちょっとずつ出てきているとは思うんですけどね。

川上　やっぱりみんなが能力ある訳ではないしね。あってもその時代に認められないかもしれないし。

多田　とくに男の人…って言ったら悪いんですけど、もの凄く桁違いに稼いでる成功者の事をついつい尊敬するっていう人たちが多いと思うんです。そういう人なら、部下とかにいくら厳しくても、「カッコいい」「できる男」みたいな感じでついて行ってしまう、とか。私とかは逆に、そこまで儲けてたら、なんか、ズルい人なんじゃないかと思ってしまうんです（笑）。

川上　（笑）

多田　例えば、今、よく話題になる大きな会社の支店で、そこの若い社員たちがキリキリキリキリ忙しく働いている。「もう一人くらい人、入れてあげたら」っていうくらいストレス抱えて不機嫌に……客にも訳のわからない説明とかして。しかも、たぶん薄給なんだろうなとか思いながら、見ていると、何かしんどくなるんですよね。いや、「成功」っていうけど、そんな莫大な利益を自分が取るくらいなら、もうちょっと従業員に給料あげたり、ゆとりをあげたりしたら、それでお客さんも行ったら余裕を持って接してもらえるようになって、みんなが心地よいんじゃないかと。儲けてもいいんですけど、お客さんまで不愉快になるくらい、けっこう嫌らしい商売していて、「成功」みたいにされても、全然ピンとこないですね。でもやっぱり、それだけ結果出してたら、まあ、男のロマンっていうか、憧れかもしれないですけど、一応認めちゃう、みたいになるのが、なんか、よくわからない。

川上　それは、要するにオスの習性ですね。

多田　ああ、ちょっと〝王様志向〟というか。

川上　そうでないと、子孫が残せない。本能的にはそうなるんでしょうけれども、大多数はそうはなれないですね。それにはチャンスも要るしね。能力、実力だけでは世の中動きませんから。だから忍者の生き方が素晴らしいというか、それは大多数の人間の生き方なんだと思うんです。いろんな能力があり、才能があるんですけれども、なかなか認められない。でも、ちゃんと功が為ってるという。要するに、誰も知らないけれども、天地ができてるような働きがあるんだと。そんなもんなんです、忍者って。それが理想として、江戸時代に書かれている訳です。

多田　忍者って「認められたい」っていう気持ちがそもそもないんですか？

川上　大事なのは自分の一族……一族と言ったら〝村〟ですね。その自分の範囲の安寧ですよ。

多田　あとは、自分で結果が見られて、「よし！」みたいな感じですよね（笑）。

川上　それが喜び、とすべきである。それが「上の忍び」である、という訳ですよ。それを表に出さない。天下を動かしたのは実はその裏に私が働いたからだ、という。それに満足を得る。

多田　デビルマンのエンディング・ソングじゃないですけど、「誰も知らない、知られちゃいけない」……あれはデビルだからなんですけど（笑）。でも昔ってそういうものにグッときましたよね。私、忍者好きだからかもしれないですけど。

川上　江戸時代の心学の教えに「足るを知る」というのがありますが、今のビジネス社会っていうのは全然駄目なんですよ、そういうのからいくと。

多田　そうなんですよ。でも、本当はある程度の自由競争とか資本主義の上で、〝足る〟を知ったら最強か

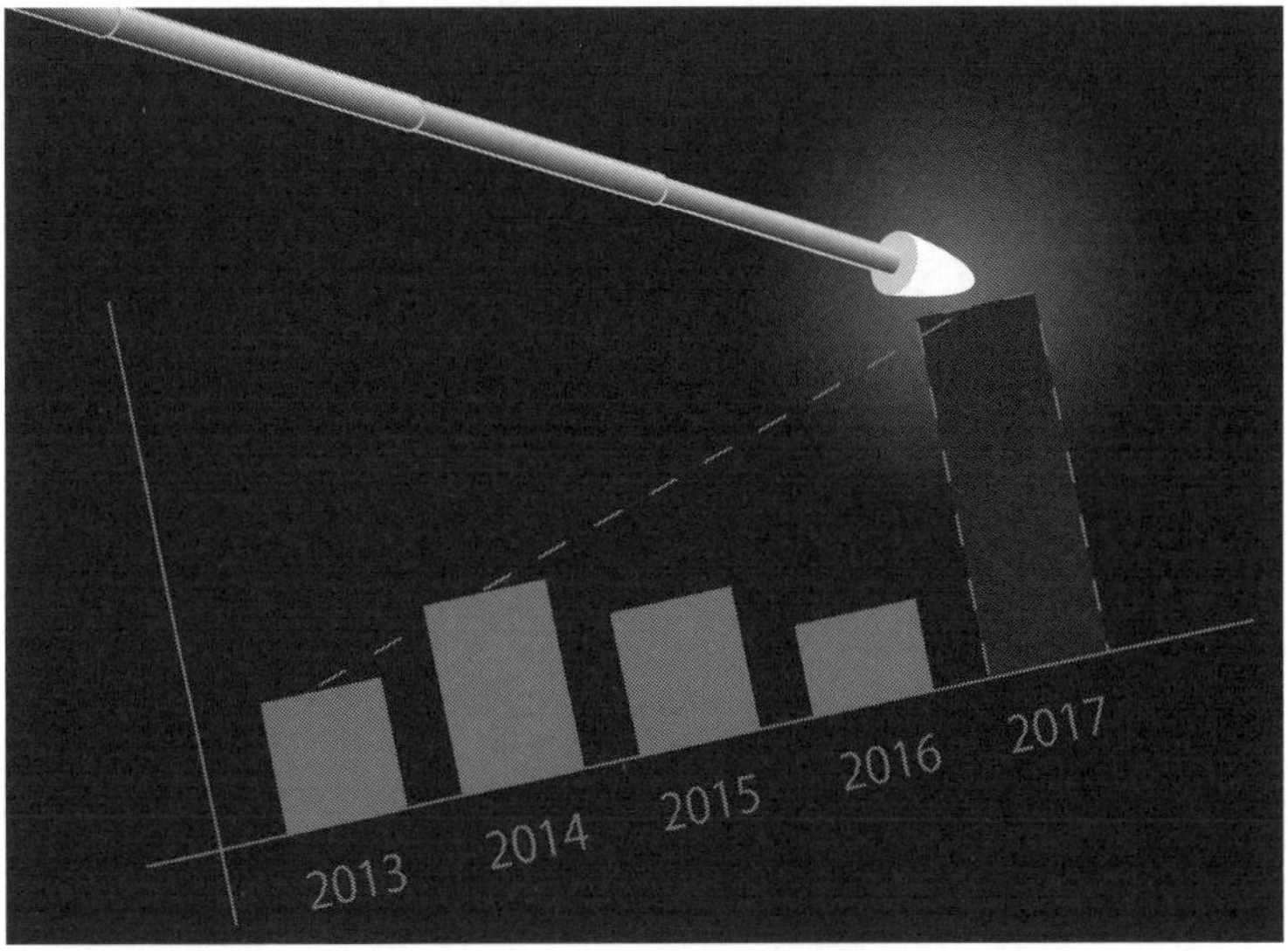

もしれないんですけどね、実は。

川上　だから、資本主義だって行き詰まってるんですよね、本当は。

多田　資本主義って絶対に最終地点とは思えないですよ。

欲望と経済と忍者

川上　だからそういう事があると、共産主義のようなものがまた出てくる訳ですよ。共産主義が駄目だというのは、あれは人間の本質に合わないからと。

多田　競争しないとなまけるとかね。

川上　それは動物的な部分を取り上げられてるようなもんですよね。だから資本主義だって、そんな素晴らしいものではない訳です。

多田　動物性を、江戸時代とかは抑圧しすぎてたかもしれないですけど、じゃ、動物性とか本能をむき出しにして社会を運営していいのかっていう話ですよ。

川上　今の資本主義はそうなんですね。いつまでも「成長率」って、成長して行かないといけない。これはもう、絶対に飽和が来るんですよ。今の日本だったら人口の問題もあって、福祉の制度から、すべてがもう、目に見えてるでしょ。だから覚悟はしないといけないんだけれども、やっぱり、「成長率」を持ち出すんですよ。GNPやなんやかんやと。

多田　私、経済学も凄く違和感があったんです。経済学ってもちろんみんな、頭がいい人がやってはいるんですけども、古くからの商売とか、経済活動全般の歴史からみると、なんかここ百年くらいの経済学って、すごく偏ってる感じがするんですよね。

川上　だからね、資本主義経済だけなんですよ。

多田　ああ、まあ、そうですよね。だから、まだマルクスとかの方が、興味深いっていう部分もあって……。

川上　そうそう。例えばそういうのが出てくるようになるんです。あれ、けっこう的を射てるんです。理想ばっかりのも駄目……破綻しましたな。でも、今の経済のやり方も……、だからイスラム国みたいの、あれ、貧困から来てるんですよね。

多田　そういう側面はありますよね。

川上　イスラムとか何とか、口実で言っとるだけでね、イスラムは人殺していいなんて教え、どこにもないですからね。

多田　実は共産主義って、消えていったというか、中国とかもやめた、みたいな感じで、駄目だったからなくなった、みたいに思われてますけど、世の中の大半が資本主義だったから失敗しただけであって、もし大多数が共産主義だったら、まったく結果が違いましたよね。

川上　違いましたね。

多田　資本主義がほとんどで、そこがいじめっ子みたいな感じで締め出すから、貧困になるというか。

川上　難しいのは、やっぱり、人間の欲望は抑えられないという所なんですよ。それがある以上はね……。

多田　争いもあるし……。欲望が強いからこそ、昔の人たちは、慎むようにと教育したと思うんですよ。でも、それって難しいんですかね。

川上　人より優位に立ちたいという事です。その欲求は必ずある。それは共産主義の中にもある訳です。だから、共産主義の指導者が富裕層になる訳ですね。それはすでにもう、共産主義じゃないんですよ。

多田　本当の共産主義じゃないですね。

川上　〝原始共産〟にはならないですよ。で、〝原始〟の時代だって指導者がおる訳ですよ。サルだってボスがいる訳です。

多田　資本主義はお金お金っていきますけど、確かに〝共産主義〟って無理矢理やってしまうと、お金で表せない分、「権力」に対して、欲求が集中してしまうかもしれないですね。〝共産主義〟で、独裁じゃなければまた違うんでしょうけど……かなり強い政治権力がないと、大衆の発展欲求は抑えられない。

川上　だから一番いいのは中だけで収支がうまく行く方が、きれいにいく。

多田　やっぱり江戸時代ですね（笑）。

川上　江戸時代に戦わなかったのは、中だけなんですね。海で隔てられていた。今はもうそれ、できないからね。グローバルになってるから。

多田 無理ですね。

川上 だからなお難しいんです。でももう、経済だって、とくに日本は先進の中の先進ですよね。進みすぎている。もう、福祉を含めて人口問題もね、人間が減ったら、生産性落ちるんですから。すると、日本が駄目なら世界へ出て行こう、とこうなる訳です。だから、アピールしないと駄目。

多田 そうかもしれないですね。

川上 欲望は果てしなく続く。

多田 忍者ってそれこそ「陽忍」と「陰忍」で、アピールするのが上手い忍者もいた訳ですよね。

川上 そうですね。

多田 そっち系を目指す人もいてもいいかもしれない。あと、しゃべる、とかね。海外にどんどん、知り合いを作っていって、上手くビジネスを回すとか。

川上 日本的〝思いやり〟とか、〝ねぎらい〟とか、ああいった事はあんまりよその国にないんですよ。

多田 〝ゆずる〟とかね。

川上 その特質っていうのは、受け入れられやすいと思うんです。なんとなく日本が好戦的であるかのようなイメージが出てると思うんですけど。実は長い歴史の中で、そういう訳ではないんです。

多田 最近会社とかがかっちり終身雇用じゃなくなってきて、どちらかって言ったらピラミッド社会っていうより……。

川上 〝フラット〟ですね。

多田　堅い組織の社会というよりはネットワーク社会になってきていて、そういう社会での働き方って、どちらかというとちょっと忍者的というか、自分の能力とネットワークによって、やっていくみたいな。

川上　それ、大変なんですよ。こうなってくるとね、全部最後まで自分でやらなきゃならないんです。

多田　そうですね。それって、忍者っぽくないですか？

川上　ある意味そうなのかもしれませんね。これ、大変なんですよ。役割っていうのは忍者の中にもあるんですけど、年齢によって役割が変わってくる訳です。いつまでも若者と同じ事はできないんです。経験を積むというのは、やっぱり価値があるんですよ。日本の年功っていうのはその経験の価値を買ってた訳です。今はそんな経験よりも、新しい事を知ってないと駄目。パソコン使えるか、となって、いつの時も若い人じゃないと駄目な訳ですよ。

多田　全員アスリートみたいになる訳ですね（笑）。最先端をいってて、体力もあって、素早くて、みたいな。

川上　そんなの、ずっと続かないから。いびつな〝フラット〟です。

多田　ああーっ。どうなんでしょうね、経験とかそういうものを活かしてネットワーク社会でやってる人はあんまりいない？

川上　職人の世界は〝経験〟ですね。だからあれは七十になっても、雇われるでしょう。旋盤なんかを使う人もそうですし、絞りなんかをやってる人もそうですし。そういう人達は中学出てからずっとやってて、まだ七十でもやってるとかね。そういう人達は自負してるんですよ。あのロケットのここは私が絞ったものだ、と。

多田　かつてのものづくり日本みたいな、そういう人達は、ただのフラットじゃなくて、積み重ねとか向上があったんでしょうね。

川上　ああいう人達が忍者っぽいと思うんですよ。職人の世界ですよね。磨いて磨いて、それを手で機械よりも高精度でやる、みたいな。それこそ卓越した、「上の忍びの者」ですよね。それを評価するシステムが、今の日本にはなかなかない。海外は、「マイスター」とか、ありますよね。

多田　ドイツとかはね。なんか「マイスター」にならないと、パン屋も開けないみたいな。テレビでやってましたけど。それもまた大変だなみたいな（笑）。

川上　それも大変ですけどね。

多田　ガチガチだなと。

川上　ガチガチにすると大変ですけどね。やはり、認められるっていうね。

多田　そうですよね。やっぱり、先生が仰ったような感じの平たい社会になってしまうと……先に希望が持ちにくいですよね。

川上 持ちにくいです。

多田 なんか、今が一番いいじゃないかみたいに若い人がなってしまう。

川上 ステップアップできるというイメージが湧かないでしょ。そのチームリーダーっていう者が作るっていう風に、今、なってるでしょ。そうすると、いつでもチームリーダーは変われる。駄目だっていうとクビになって次のヤツに変わる、とかね。

多田 ピラミッドの方が、いい部分も……。

川上 三角ですからね。安定するんですよ。

多田 私はとにかく、ピラミッドに入った時にやっていけなかったっていう、実感が凄すぎるんで。私はもう、ネットワーク社会になって、やれやれっていう、嬉しいくらいの感覚でいたんですけど。そうでもないのかもしれない。

川上 組織の中で、ある人生設計をしようとするとね、そういうピラミッド形の方が安心感がある。要するに、終身雇用みたいな感じの方が、安定性がある訳ですよ。その方が絵を描きやすい。ただ、今は高度成長期のようには成長しないから、なかなかそういう事ができない、という事もあって。

多田 忍者は、年齢の問題もありますけど、やっぱりいろいろ〝分業〟とかは……。

川上 あったのではないかという風に、想像するしかないですね。

多田 基本的には、自分ですべてを把握すると、前にうかがったような気もしますが。

川上 そうですね。それが基本です。

多田　でも、ある程度になってきたら、例えば夜襲しかけたりするのは、若い者が行くとか。

川上　そうですね。でもけっこう、当時で六十くらいの人が行ったりするからね。今で言ったら七十、八十くらいの人がいる。五十くらいで死んでる時代ですからね。

多田　じゃ、別に若い人がそういう戦闘的な所に先に行くって訳でもない？

川上　そうでもなさそうですね。一応ね、丹波に残ってる忍術史料では、年齢によって役割が変わっていくんです。長老になってくると、「作事」、要するに計画したりする、そういう仕事になってくる。実際に動くよりは謀略を筋道立てるとか。まあ、指導的立場に立つという事でしょうね。だから、〝経験〟っていうのは、一番大事ですよね。〝経験〟した事のある人が一番強いんですよ。何でもそうですけど。

多田　今の場合は、ビジネスが机上の事で全部完結するケースもあり得るんで、やっぱり若い人をいち早く採ったり、作り変えたりできる人が、それで回して生きていけてる、みたいになりやすいですよね。

川上　株なんてそうでしょ。完全に「机上」ですよね。

多田　確かに。やっぱり、江戸幕府が、金融商品とか派手にやりだした人を取り締まった事って、本当に画期的だと思うんですよ。これもテレビで言ってましたけど、巨大資本を動かしていて、とんでもない事になって、まあ、「リーマン・ショック」か何か……、とんでもない事になってしまった金融関係の人が「音楽が鳴っている間はダンスは止められないんだ」みたいな事を言っていて。そういう意味ではやっぱり、お上が規制してあげた方が、ハタと気づいて、とんでもない事にならずに済むかもしれない。

川上　制御できなくなるかもしれませんね。

多田　自分が自分で、たぶん、わからなくなる。何かで聞きましたけど、三千万円以上くらい儲けると、もう幸福感っていうのはそれ以上伸びないらしいですね。……じゃあ、やめればいいのになと私はいつも思うんですけど。それって多少男女の違いもあるのか。それでも、行けるトコまで、「何億」とかって言いたい、みたいな。

川上　単なるパチンコでもね、一万二万でやめとけばいいのに、どんどんやって十万スったとかよく聞くでしょう。私の友達が好きでね、よくついて見てたんですよ。私はしませんけどね。見てるとね、もう、二、三万勝ってるんですよ。でもやめないんですよ。

多田　へえーっ。

川上　ずっと見てても仕方ないからどこかへ行って、帰って来たら、もうないんですよ。その時やめときゃよかったのに。

多田　人間に、そういう何かが潜んでるんですね。

川上　わかってるんですよ。やってるヤツもわかってるんだけれども。

多田　やっぱり、そういう時こそ、お上が出ないといけませんね。民主主義って、庶民が政治の事とか考えられるっていうのはいいのかもしれないですけど、人間の欲を抑える機能がありませんよね。今、死語のようになってる「仁政《じんせい》」みたいな、ある程度、慈悲をもって、個人とか誰かが、変な事をしてたら、「それはおかしいよ」って言ってあげるお上みたいな。そういうのが今、ないじゃないですか。

川上　ないですね。

多田　全部自分たちで考えて、大勢の考えを無理矢理まとめようとして。しかも、結局競争とか争いによって勝って、そのルール上有利だった人が政治家になってるだけの話で。みんなの気付いてない問題まで、もの凄く洞察ができて、このまま行ったらヤバい、とかそういうのをわかって、ちゃんと「それは！」みたいに言える。そういう人って、今、世界中のどこに行っちゃったんだろうって（笑）。

川上 清貧の思想ってあるでしょ。昔の日本は、貧しいっていう事は別に恥ずかしい事じゃなかった。

多田 そうなんですよね。

川上 清貧って言って、もの凄く素晴らしい事だったんですよね。今は、「なんだ、貧乏人かい！」って（笑）。

多田 そうなんですよ。貧乏で耐えてる上に馬鹿にされる、とかでしょう。

川上 （笑）全然もう、価値なんにもない。どんどんガメツく儲けて、金たんまり持ってる人が素晴らしいっていうんで、テレビに出る何に出るっていう風になる訳です。人徳まで素晴らしいかのようにね。

多田 従業員が自殺とかしたりしてても、褒められてますもんね。

川上 「素晴らしい経営者」になる訳ですよね。儲けてる訳ですから。ちょっと価値観自体、我々は見方が変わってきている、というのもあるんですよね。その中に忍者的な事が出てきてもね、「忍者は金持ちだったのか？」って言われると、いや、そりゃ金なかっただろうな（笑）っていう風に、なりますからね。

多田 でも、本当にいい加減にしないと、オリンピックで金メダル取るとかと一緒で、ビジネスで大成功する人って、もの凄く少数じゃないですか。だから結局、その人に憧れている以上、ほとんどの人は、自分たちは敗者だと思って生きなきゃいけない訳ですよね。

川上 そうですね。

多田 でも、ある程度の職を得て、家庭を築いて子孫を残してたりしたら、本当は、バリバリ成功してるじゃないですか。そこに気が付けなかったら、やっぱり、残念ですよね。

川上　そういう生き方が素晴らしいという指導者がいて、そういう人がそれなりの、説得性のある立場にいないと駄目なんですよ。
多田　昔はその「清貧の思想」が説得性があったんですよ。今は「清貧の思想」というと、とくにメディアで言いにくいのが、儲けて、要らないものまで買わさなきゃならない、消費を刺激しないと回らない経済だから、本気で清貧にしたら、つぶれる会社が続出する……みたいになってしまうんで、その矛盾も難しいですね。
川上　金がないと回らない貨幣経済になってるからね。
多田　ほどほどでいいんだったら、そういう事にはならないんですよね。
川上　今の時代こそ「足るを知る」っていう事が本当は必要だと思うんです。
多田　私は若い時は凄く現代っ子だったんで、「足るを知る」とか、まったく意味がわからなかったんですけど、今は、本当にそう、っていうか……。ただ、あれも面白くって、昔私が知った時は、「足るを知る」って、ある程度のところですべて満足しろ、何も求めるな、みたいな意味だと思ってたんですけど、ちょっと違うらしいですね。ある程度何か得た時に、〝そこで我慢しろ〟っていう意味よりは、〝もっと喜べ〟みたいな。ちゃんと満足感を味わえと。さらに何か目指すとしても……。今の人って何か得ても、すぐ次！、もっと！とかってなりますけど、いったんちゃんと、落ち着いて味わえ、みたいな。そういう意味もあるみたいで。

川上　そうですね。〝知る〟という事ですからね。

多田　だから、もの凄く抑圧しろっていう意味じゃなくって、ちゃんと満足感を味わえっていう事だから、本当に大事なんですよね。

川上　これで充ち足りてるねっていう風に自覚せよという事だけなんですよ。それだったら、日本はもう、充分、足るを知ってる社会だと思うんですよ。まだ他の国から比べるとね。とは思うけども、今のまま他の国が、もっと、知らずにやる訳です。知ってか知らずか。そうすると、相対的に、地位が落ちてくる訳です。するとやっぱり競争になるんですね。グローバルの世じゃなかったら、そうはならないんだけれども、グローバル化しているので、日本だけでいかないでしょ。なかなかコントロールできない。

多田　そうですね。

川上　江戸時代にいろんな賢人、聖人がいた。そういう人達が書いたものを見るとね、忍術もそうなんだけど、今の日本の〝いけいけどんどん〟みたいなのとはまた違った考え方がけっこう含まれてるんです。

多田　たぶん、今の外国とかでも……原始的な民族には残ってる気がします。例えば、漁をするにしても、ある程度以上獲らない。まあ、いろんな伝説とか教えとかを組み込みながら、そういう風に自分たちの生きる環境を「持続できる」方法を、伝えていくっていうのは、もともとは各民族にあったとは思うんですよね。そういう知恵なんかと結びつけつつ、全体的に「足るを知る」感じとか。

川上　「そこそこでいいじゃないか」とかね。「分相応」とか。「分相応」というと、なんか悪い意味だけにとるでしょう。

多田　そうなんですよね。

川上　そういう意味じゃないんですよね。自分の分以上にすると大変な事になるんですよ。要するに「無理しない」「無茶しない」という事ですね。一リットルの容器には一リットルしか入らない訳です。それ以上入れようとしたってこぼれるだけなんです。やっぱり、決まった器がある。その器は伸縮自在ですよ。努力によって大きくもなり、小さくもなるんですよ。一応まあ、今、どの状態であるかというくらいはわかっておかないと。

多田　確かに。足るを知ると同時に、自分の器なり〝分〟を知るのが大事なんですけど、それを知ろうとして自分を見つめたり、掘り下げたりするよりも前に、もう自己アピールしなきゃいけない感じですからね（笑）。

川上　まず、できなくても「ハイ」って手上げて「私やります」って言わなきゃいけないですね。

多田　逆に言ったら、分を超えてるってわかっていても、「ハイ」って言わなかったら、また、「分相応」の仕事すら、もらえなくなったりとか。なかなか大変ですよね。

川上　今の時代の方が、ある意味昔より大変かもしれない。衣食住は全部足りて、礼節は知ったけれどもね。

そういう意味では、いいトコ来てるんだけれども。ある面では、昔よりきびしいところがありますね。

多田　昔は、勉強して知識を身に付けたら、それを武器にできると思ったんですけれども、みんな身に付けてますから、武器にならない。

川上　よっぽど卓越してないと駄目です。それも、〝金儲け〟できないと駄目なんです（笑）。

多田　そうなんですよ。単に物を知ってたり、単に勉強できたりしても駄目。

川上　〝金儲け〟っていうと嫌らしいでしょ。だから〝成果〟って言うんです。〝成果〟を自己申告しないといけないんですね。自分を自分で評価する訳です、私らがいた会社なんかはね。自分で計画を立てるんですよ。例えば、1年間に1000万円、削減する、とかね。それに対して、総括して達成度なんぼって、自分でやる訳です。自分で自分を〝頑張った〟って、書けんでしょう。私はそんなの、書かなかったんですよ。すると私の上の人はそれを読んでね、「なんで書かないんだ。〝一番頑張った〟としとけばいいじゃないか」と。そこでもう、すでにね。

多田　システムと思想が合わない。

川上　自分で下にしとったら、もっと下にされるぞ、と。だから上に書いとけっていう訳です。

多田　昔の日本だったら、「私なんて大したことしてません」って言っても、誰かが知ったりとかしてくれてましたよね。

川上　捨てる人がおったら拾う人もおったでしょ。今、捨てる人おったら、誰も拾わん（笑）。

多田　会社の限られた利益を分け合うんだったら、人にいっぱいあげたら、来ないですよね。

川上　自分が「下」にしてるものを、他人が「上」にはしてくれないんです。

多田　確かに今って、自己評価、自己ＰＲができないと、苦しくなって来てますよね。

川上　それと、指導者も冷酷、冷淡じゃないと駄目ですよね。指導者ってけっこう、一人二人は殺してもね、十人、百人は生かさないといけない訳ですから。それくらいの心も必要。そういう人にはほとんどなれない。でもその指導者っていうのは、下の人がちゃんといるから、そうなっているんであってね。選挙なんか最たるもんですよね。一人一票しか書けないけどたくさんの人が書いてくれたから上がってるだけであってね。

多田　私が忍者っぽさを、今に取り入れる場合は、地道な感じとはちょっと違う感覚もあります。もともと時代劇に憧れていたので、フィクションで、「忍者カッコいい！」みたいな〝イメージ〟がまずあるんですよ、もう。それで、自分がなかなか認められない時とか、感情を表立って出せない時とかに、ただ抑圧されてるって悲しむんじゃなくって、「これって忍者みたい！」って思うんです。何か大きな目的があって（または、長い人生を無事に生き抜くために）、今は大変でもこうやってるんだって思うと、全然気分が変わるんじゃないかとか。自己イメージを忍者化するんです。本当は忍者じゃない人が、忍者になったような気分になって、チャレンジしたり、忍耐したりとかしていくと、心理が変わるんじゃないかって思いますね。

川上　そうかもしれませんね。

目に見えない〝成果〟

多田　積極的にアピールしないとなかなか評価は得られない。でも、それは表立った評価が欲しいからですよね。

川上　そうですね。大概の人がそうだと思います。でも成果って、誰が評価するんだって。何をもって評価するのか？　非常に難しいですよ。

多田　なんか、実力主義が公平みたいにも言われますけど、しょせん誰かが作ったルールとか、ある特定の物差しで、上手くいってる人っていう評価だから、それが嫌なんですよね。

川上　簡単なのは、やっぱり数字でみるだけです。利益を何円とかね。何時間とか。何件とか、数字で具体的に表すという。それで評価するのが一番簡単で、誰もが公平かのように見えるんです。そういう風になってるから、厳しいんですね。そうすると、何とか売り上げを伸ばすために頑張るしかないんですね。別に働け働けとは言ってない、ちゃんとしてくれたらいい、と使う人は言いますね。でも、実際はなかなかそうはいかないですよ。いいアイデアだって、買ってくれなかったら、売れないんですからね。そういう評価っていうのは難しいんです。日本のかつての年功序列っていうのも、それなりに価値があったんだと思うんですよ。今、ちょっと回帰してるっていうところもありますよね。一時のような実力主義、成果主義っていうのはなりをひそめたかもしれない。でも、全体としては、その方向へ動いている。世界のスタンダードだと、こういう訳ですね。アメリカのスタンダードですけどね。

多田　今の目に見えた評価なんてあてにならないんだから、表立った評価なんてどうでもいい……、だから、自分を信じるというか、自分の感覚で、「これでいいのだ」と思いながら粛々と続けて行って、……ある時どっかんと成果が出る。そういうのって、いいですよね。

川上　それは素晴らしいけどね。

多田　これ、忍者的じゃないですか？　あまり余計なものに左右されない。

川上　そうですね。それは理想的なことかもしれないですね。

多田　それで、途中でクビとかにならなければ、いいですよね。そういう意味でも、……まあ、話術とかも大事になってきますけど、そんなにも、目立った成果、評価が上がってない時にも、死なないだけの、うまい立ち回りは必要ですよね。何とか存続だけしていれば、後は信じた事だけやってれば、何かできるかもしれないですけどね。

　話はちょっと変わりますが、例えば職人さんなんかが、立派な車とか飛行機とかの一部をちゃんと自分は作ってるっていう、自負をもって、みたいなお話がありましたけど、別のジャンルで言うと、そういう働きをしているのって、例えば、アニメーターとか。なんか、もの凄い作品があるじゃないですか。それで、世界に羽ばたいてますよね。あれって、もの凄く厖大なスタッフ、優秀な人たちがやってますよね。そういう人って、ちょっと似た感じなのかなって思います。自分の名前は出なくても、凄いものができ上がってるし、評価も得てる。

川上 アニメが、そこまで来るまで、けっこう大変だったでしょうね。こんなに手間かけていいのか?・みたいな。売れなかったら、どうする?ってなりますよね。だから、あれ、もの凄い冒険ですよね。

多田 そうですよね、考えてみたら。評価されてるもののほうが派手に思えますけど、評価されるかわからないことをやる方が、よっぽど強烈かもしれません。結果が見えない時代から、「美しいもの」とか「面白いもの」を信じて、厖大なエネルギーと時間を割いていくという。

忍者の仕事の進め方

川上 忍者というのは、スペシャリストのようでジェネラリストなんですよ。忍びという「業」を行なうスペシャリストだと言えばスペシャリストになりますね。でもその中にある事は、ほとんどジェネラリストなんですね。そこそこ、そこそこのええとこどりなんです(笑)。

多田 身体能力もあって、口も達者で(笑)。

川上 全体から見たら、特別なものはときどき出てくるでしょうけれども。伊賀甲賀という地域に、特別とんでもない人が一杯いた、なんて事はありえない。という事は、ジェネラリストですね。ひょっとすると、もっとレベルが低いかもしれない。ただ、いろんな事を一杯知ってる。いろんな事を一杯できる。という、スペシャリストです(笑)。だから、現代の職に照らしてみると、なかなかそれに合致するようなものはないかもしれないですね。

多田　専門性とかプライドを持ってやってて、かつ、幅広くっていう。

川上　例えば火術。それについては秀でていた。だから、伊賀者、甲賀者はそれを売りにしていた。それはスペシャリストの部分ですよね。それで武術もやる訳ですが、それはそれでどうという事はない。でも、できる。微妙な存在なんですけれども。でも、今もそうですけど、優秀な人って、何でもできますよね。

多田　ピアノも弾ける、文章も書ける、運動もできる、そんな方がけっこういらっしゃいますよね。だから、一芸を追究していくと、多芸を理解し会得する事ができるようになるんです。

多田　逆に、その域に達しなければいけないのが「忍び」なんですね。

川上　そういう事になるのかもしれませんね。全員がそうだったとは思わないけれども。

多田　案外、分けて考えないんでしょうね。例えば、足が速い人って、頭の回転も早かったりすると思うんです。

川上　やっぱり、考えてるんでしょうね。

多田　身体の使い方も工夫次第ですよね。

川上　そうですね。動物的本能だけでやってる訳じゃない。

多田　各ジャンルの技芸がバラバラで、これもやらなきゃ、あれもやらなきゃ、って感じで全然結びつかずに足し算みたいになってしまっている状態っていうのは、まだ深めきれてないっていう事なのかもしれないですね。

川上　そうですね。

多田　話す、という事も、言語の問題っていう風に思われがちですけど、人間をよく観察しないと、絶対に適切に話せないですよね。そういう意味では、心理とか、観察眼とか、知識とか、身体の動きとか、そういうものも結局全部からんできます。

川上　秀でてる人っていうのは、やっぱり、努力の人ですよ。

多田　よく考えてるとかね。

川上　そうなんです。そうじゃないと、頭飛び出る事、できないですよね。

多田　その努力が、的を射てるから、よけいできるようになるんですよね。

川上　そうして専門外であっても、同じような事でできるようになっていくと思うんです。ただ、そういう人達はたくさんおられる訳じゃないので。私みたいな次元の者は努力しないと。私はなまけもんやから、なまけながらやると（笑）。あまり深く考えない。

多田　いやいや（笑）。さっきの集中の話と一緒ですけど、努力も、「努力しよう」とか、「今私は努力してる」みたいに思うと、なんか違う気がしますね。こういうのができるようになりたいとか、こういう事が知りたいとか、そういうものに向かって自然に動いていってて、別に努力とも思ってないくらいじゃないと。私、今は、努力も必要だし、自分も最低限はやってきたと思ってますけど、以前は努力っていう言葉自体、あまり好きじゃなかったんです。というのも、「努力をした」とか「努力してる」と称してる人って、すごく、認めて欲しいとか、その先で大きな成功を掴みたいとか、欲がからんでる場合も多いじゃないですか。

川上　そうですね。

多田　そういう努力って、無心でいろいろ向上しようと思ってやってるのと、ちょっと違うような。〝やっ

てます感〟出して、みたいな（笑）。そういうのって、見てる方もアレだし、本人もすごく疲れるっていうか。いつ結果でるんだろうっていうのをすごく気にしながら。

川上　努力してる風を見せないと、上は評価してくれない、という面もありますよね。

多田　そういうのもありますよね。でも、そのくせ、いくら努力してても結果出ないと評価してくれないですよね。

川上　昔、私らの若い頃は、「君は遅くまで頑張ってるな」っていう、変なほめ言葉があった。遅くまで会社にとどまって何かやっていると、頑張っているという。今はそんなのナンセンスですよね。そりゃ効率の悪いヤツじゃないか（笑）。

多田　（笑）

川上　我々もその頃から、そういうの大嫌いだったんですよ。で、帰ろうと思うとね、呼ばれて「あれ、どないなっとんのや?」って。聞かれるの嫌ですからね、ダラダラといる訳です。仕事って、これで終わりってない訳ですよ。「どうなっとんのや?」って言われたって、全部完結してるはずがないんです。わざわざ帰る間際に聞かんでもいいでしょう、そんなもの(笑)。残ってる側もね、上に対して、遅くまで頑張ってるっていうアピールなんです。

多田 その、「遅くまで頑張ってる」のと類似の事で、常に私が思ってるのが、なんか、「寝ないで頑張る」とかね。

川上 そうそう。効率悪いやろ(笑)。

多田 私は自分が、つい最近まで「自分は努力してない」ってどうしても思ってしまっていた理由って、やっぱり人より一杯寝てる、と思っているからなんですよ。

川上 なるほど。

多田 でも、よく考えたら、私の場合は結局、寝てる時とかその前後に、新しいストーリーや場面なんかが浮かんでるんです。フィクションが仕事で、いわば、実業ではなくて虚業をやっているからかもしれませんけど。だから、極力「寝るのも仕事」とか、「ちゃんとクリアな頭で取り組むのが大事」とか、自分に言い聞かせようとしてますけど、難しいですね。

川上 寝る事も、作品を創る事に活かされる訳ですね。

多田 そうですね。私は必須ですね。寝ないと頭働かないですし、集中もできませんし、精神的にも、そんな冴えない自分が許せなくなって、すべてを否定してしまいます。鬱々とするせいか、身体が弱いからなのか、すぐ熱とかも出てきますし。なぜか昔から、寝ればすべてが解決できるという感覚があったんです。寝さえすれば何とかなる。大げさにいえば、新しい自分になれる、みたいな。

川上 オフィスでの仕事も、就業時間を離れて、その後何をやるかっていうのも、仕事に活かされるものだと思うんですよ。

多田 そうですよね。

川上 何やっても活きてくると思いますよ。

多田 一見関係ない事ほど、画期的なヒントになりますよね。

川上 そういう所へ行かないと、狭い範囲でしか考えられなくなる。関係ない事やっていた方が、逆に新鮮なアイデアが出るんだと思います。私は頭が固いから、なかなかそういう事ができにくいんだけど。デザイナーの人なんかがね、よく通勤で同じ道帰ったりするのが駄目だと。いろんなルートを使う。そうすると、いろんな出会いがあり、刺激がある。服装もそうです。デザイナーは変な格好したりするけど、あれは型にはまらない、という。形からはめてしまうと、そういう感じでしかできなくなるというね。だから、お役所はいいんですよ。同じスタイルでビシッと。自由にやられたら困るからね。職によるんでしょうけどもね。

多田 本当にこう、自然に仕事が進む時とか、アイディアが出てくる時と、無理矢理義務感でやる時を比べると、私の場合は軽く5倍くらいは効率が違うと思うんですね。そういうの、人によると思うんですけど。きっちり、毎日午前中は執筆して、とか、そういうのが合ってる人もいますし、それで必ず一定成果あげられる人、ある程度面白いものを書けるタイプの人もいると思うんです。私はそれこそ、集中できてるかとか、よく寝られてるかとか、ちゃんと新鮮なアイデアとか知識が融合してるかとか、そういう条件が揃った時にバッと出るけど、そうじゃない時の、〝どうしようもなさ〟っていうか（笑）…無能さが甚だしいんで、変な状態に入った時は、もう、寝るしかない（笑）。本当に、何が努力かっていうのがね。結局は自分の仕事がどういうものなのかっていう事と、自分の特性をよくよく見極めて、どういう働き方とか時間のかけ方をした時に、一番パフォーマンスが上がってるかっていうのを、ある意味試し試しやって、自分なりのいい方法を確立していくみたいな。「確立」もね、固まってきたらまた違う方法も知った方がいいし。

川上　そうですね。

多田　しかし、今はやっぱり、日本人ももっとアピールしていかないと仕事にならない、という所はまあありますね。日本人もだんだん、ＳＮＳとかうまく使う人も増えてはいます。ああいうものでも、「ああ、だるい……」なんて書いて、あと3日黙ってるとか、そういうスタイルよりはやっぱり、どこどこ行ってきた！　ほらみんなの写真！とかそういう方が盛り上がりますよね。何か活動的なものを毎日毎日出していって、欧米のようにテンション高くやり続けてる、みたいな所があると思うんですけど、でもけっこう日本も、アメリカも、そうなってしまってる裏で、ウツになってる人とかが、実は多いですよね。

川上　そうですね。

多田　アメリカもけっこうウツは多い。たぶん引きこもりとかは日本独特みたいですけど。アメリカって、セラピーとかにかかってる人が全然マイナーじゃなくって普通になってるって聞きますね。

川上　成果が追究される社会でしょ。だから、頑張っていれば認められるっていうのは、意外といい部分もあるんです。

多田　それが文化として根付いていれば、ですね。

川上　大した利益はもたらしていないんだけれども、彼は頑張っとると。そのスタイルを見て、「頑張ってるな」という風になる、そういうのも一つの価値観として、日本にはある訳ですよね。だけど、アメリカを例にとると、ああいう主義の国ですから、いくら儲かったかとか、何ができたかっていう事じゃないと。「頑張ってる」っていったって、別に頑張らんでいいと。ちゃんと成果出しとったら、寝とったらいいんだと言われると、かえって逆につらい。

多田　頑張っても、何か不運が重なったりとか、誰かに手柄取られたり、何かで結果を失ったら……全く働いてないかのように見なされると、しんどいですよね。

川上　結果が良ければすべてがいいんだというね、簡単な解釈も一つにはありますよ。ありますけど、まだ日本の社会には、頑張り屋さんとか……。

多田　地道だとかね。

川上　それだけで、まだそれなりの評価は得られますよね。日本の社会全般の中では、「彼は頑張っとるなあ。誰にも褒められもせんのに黙々とやっとる」っていうのが、一つの生き方というか、生活態度が、評価される訳ですね。それはよそではあまり聞かないですね。それが行き着くと、日本人の精神論になる訳です。「気合いが入ってない！」とか「気合いでやれ！」とか（笑）。あれもよくわからないけれども。でもあれもね、実際、気合いがあると、力が出るとかいうのは科学的に証明されてるらしいですね。それは気合い入れるとやる気が出るとか病気になりにくいとか、実際にあるわけです。大事な事なんですよ。それも全部否定するのは駄目だと思うんですね。

多田　昔の武士道とか、「忍び」もそうかもしれないんですけど、やるだけやって、命がけでちゃんと働けば、その姿勢が評価された。例えば、戦死するっていうのは、個人にとっては失敗にあたりますよね。でも、死んでも、例えば家族が保護してもらえて、あの合戦で死んだっていう、武勇伝にもなったりとか。でも、今の人って、働くだけ働いて、たまたまあまり結果が出なかった時に、ウツになったり死んだりした時に、〝ただの敗者〟みたいに、何のいい事もなく終わる、っていうのが、なんかけっこう、耐えられない社会だなって。それでいて、けっこうハードに働かせるじゃないですか。みんなほどほどに、誰も命がけとかでやらないでいいんだったら、いいんですけど。けっこう過酷に働かされたりとか。

川上　真面目な人ほどなるんです。私なんかええ加減ですからね、馬耳東風で言いたい事は言わせておきゃあいい（笑）。そういう風に思える人間は、なかなか死なないですよ。

多田　よく見聞きするのも忍術ならば、不要なことを聞き流すのも忍術なんですね（笑）。ウツの反対は躁ですけど、何か今、社会全体が……躁って言ったら言い過ぎですけど、軽い躁状態で社交しなきゃっていう雰囲気がありませんか。よくテレビでも、急におとなしめの役者さんとかがバラエティ番組に出た時に、テンション低いねテンション低いねって言って、それだけで責められるっていう。それ、テレビに出るテンションか、みたいな感じでね。別に、落ち着いてたらいいじゃないですか。人の言う事無視したりしてたら駄目ですけど、何でそんなにいちいち、みんながみんなテンション上げなきゃいけないのかっていうのがあるんですけど。そういう、微妙な若干のハイテンションみたいなものが世の中に渦巻いてると、そういう風にしとくのが当たり前っていう空気になってきて、そのくらいエネルギッシュな人は、合ってるからいいと思うんですけど、そうじゃない人って、そこに上げていって、日常生活を送らなきゃいけないから、絶対、ギャップが出てきて、くたびれて、ウツとかになると思うんですよ。なんか、トーン低く生きる権利も欲しいっていうか。

忍者も、現代では躍動的で元気な〝ninja〟が好まれるかもしれませんが、もともとは別にテンションとか高くなくてもいい訳ですよね。落ち着きとか重厚感とかもの静かとか、そういうのが昔は評価されていたと思うんですけど、何か、みんなでテンション上げてて、で、社会全体が騒がしいから大きい声でアピールしないと自分の存在価値をわかってもらえない。美点も見えない。静かによく見れば、別にみんな、あるじゃないですか、いい点とか。それを忍術で……何とかならないですか（笑）。やっぱり、「お前、ノリ悪いな」とか言われても、気にしないことでしょうか……不動心をもって。そもそも、忍者ってあんまり、鬱々とするというイメージはないですよね。やっぱり、気合いも入ってるから、生命力もあるんですかね。

川上　そうですね。

忍者はどこを見ているか？

多田　忍者や兵法者というのは、総じて謀《はかりごと》を重視しますよね。あまり良くない言葉で言えば、計算高いというか。

川上　はい。

多田　計算高いというのも、人よりもちょっと、いろんなものが見えてるからだと思うんです。

川上　したたか。

多田　そうですね。いろいろ使える知恵を持ってて、考えないはずはないですよね。知ってたら、そりゃ、計算しますよ。その結果、計算高い人たちになってると思うんです。でも、ある種の「ずるさ」みたいなものの中に、「高尚さ」が含まれている。ちょっと高い所から、人の見えない……それこそ多角的な見方ができていて、見えてる人たち。洞察というか達観というか。見えてるものが違うから、常人を超えた働きができるのかなあ、と思います。

川上　一般教養レベルが高かったんです。江戸時代の記録でも識字率とかわかったりするんですけど、それからしても、ダントツですね。

多田　それは伊賀、甲賀。

川上　甲賀の記録です。この伊賀甲賀エリアっていうのは、素養の面でもね、文化レベルにおいて非常に高い。江戸時代なんか、俳句……松尾芭蕉がいたっていうこともあるんですけどね。田舎の本当の村、みんなやってたんですね。そんなの、その日暮らしの人はできません。それなりのゆとりがあった人たちですね。江戸時代ですよ。それはある日突然、そうなったはずないんですよ。その前、前段階があったはずですからね。そんな中で、忍びの術っていうものは、編まれていった。培われていったんですね。培われていった技術を、江戸時代に編んだんです。そして、体系づけた。それが、忍術。

多田　ちょっと、馬鹿っぽい言い方ですけど、「頭良いな」ってことですよね。単純じゃないっていうか。物の見方にしても、戦略にしても。複雑に、よく考えられてる。やっぱり、単なるハウツーじゃなくて、謀《はかりごと》という言葉が似合う。自分のやり方としても、相手に対する見方としても、表面だけを考えないですね。必ず裏も考えるし、奥も考えるし。こうで駄目だったら、こうなのかとか。行くことだけじゃなくて、帰りも考えるとか。時間軸も奥行きも、やっぱり凄い、重層的というか何と言うか。

川上　頭が良いから、目に見えた評価とか、そういうものがなくていいのかもしれないですね。

多田　ああ、確かに確かに。自分たちより世間のほうが高等だ、と思ってるから、世に出たいとか、偉い人に認められたいとか、そういう発想になるのかもしれませんね。本当は、自分が目立ち過ぎると、デメリットもあるわけですけど。出世したらしたで、叩かれたり、妬まれたり。でも、よくよく考えない人は、「とにかく評価してくれ！」となる。あと、私は歴史上、徳川家康が忍びを一番うまく使った人物だと思っていて、家康が好きな理由の一つが、すごく〝大人〟なんですよ。悪く言ったら、狸じじいかもしれないですけど。子供っぽく「行けー！」とかいうんじゃなくて、もう、〝大人〟なんですよね。成熟してるっていうか。思考方法とか。そういうのが忍者に通じるところだと思います。「いえーい！」って目立たなくても、やれるっていうね。

川上　人質時代に忍従の生活だったんですね。

多田　そうですね。

川上　その時に、英才教育を受けてる訳です。忍びの者も、教育を家で受ける訳です。家、というか村ですね。だからそういう、我慢する。だから鳴くまで待ったという。そういうのは、なかなか現代には評価されにくい部分なんですけどね。でも本当は素晴らしいと思うんですよ。忍者的生き方ですね。過度な競争にならないでしょう。

多田　確かに、無駄に競わない、戦わないっていうところがクールですね。やたら喧嘩したがる人って、単純な人とか、子供とかですよね（笑）。結局、お互い傷ついて損なのにっていうのが、わかってない。

川上　強固な指導者、統率者が現れなかったから、伊賀甲賀は戦国大名が出なかったという風に言われてるんですね。村、村で、数十人、百人レベルですから。

多田　逆に言うと、みんなが優秀すぎて、だれかボンと出ても「はい！ついていきます！」みたいな感じにならないですよね。自分もわかってる、私もわかってる、みたいな。

川上　（笑）やっぱり、都も近いから、知識もいっぱい入ってきてたでしょうし、長い間の知識の集積があったんでしょうね。まあ、忍者と直接結びつけることではないですけどね。

多田　やっぱり、頭脳と身体能力とかが全部結びついてるところが、忍者の魅力ですね。アスリートであり、科学者であり、文化人であり、合理的な仕事人であり、芸人でもあり……。たぶん、男性から見ると、カッコよさとかがあると思いますし、女性から見てももちろん魅力的ですけど、なんか、作家とかからすると、とにかく面白いっていうか（笑）。

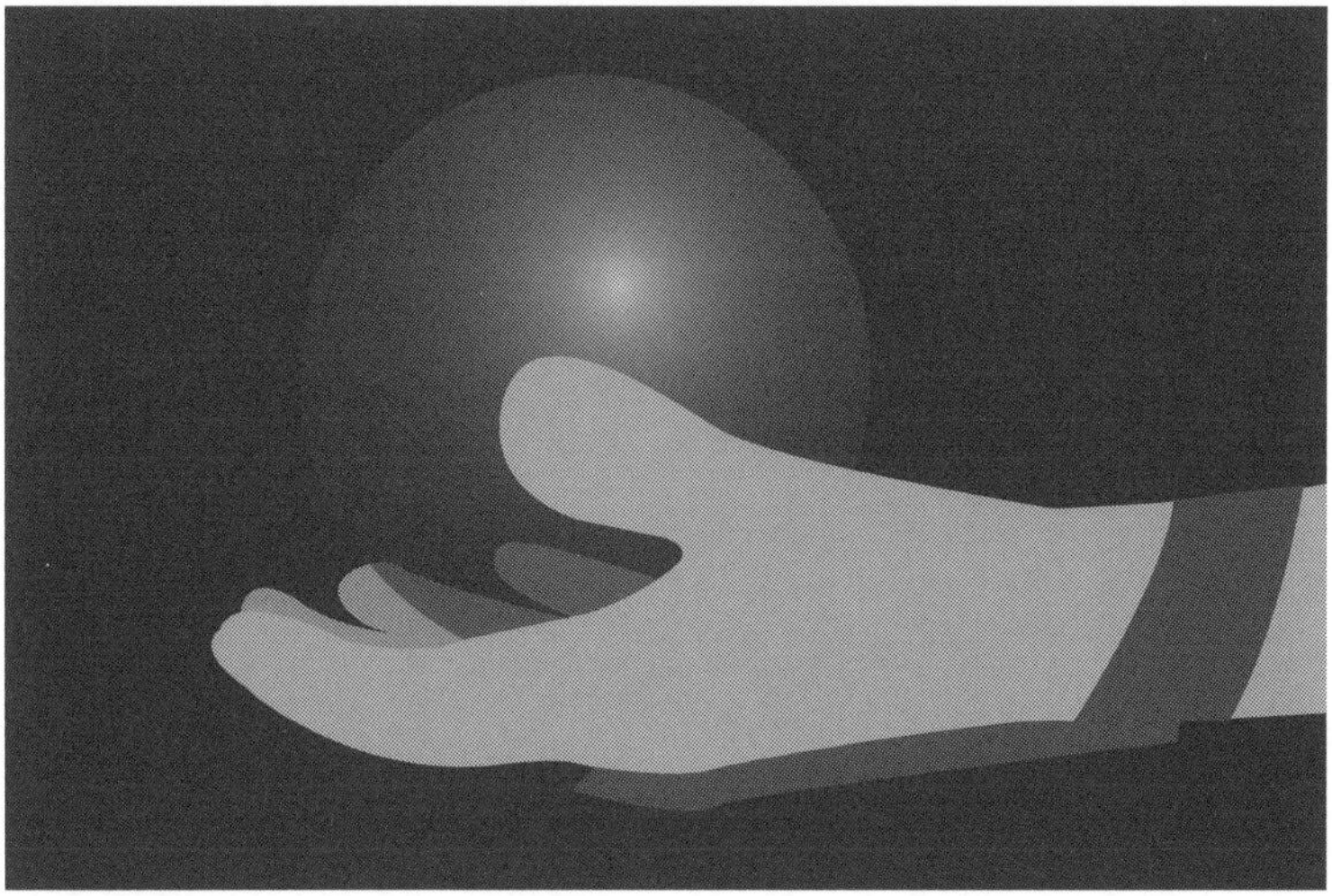

川上　忍者は「忍術名人なになに」なんて、出ないでしょ。フィクションの世界ではあるけどね。剣の世界は剣豪ってあるけど、忍豪なんていないでしょ。何も見えない、わからない存在で、なおかつ何百人、何千人をコントロールできる存在、それが上の忍者であると、こう言ってる訳です。だから表に出ないのが本当のすごい忍者。

多田　だから、見えにくいけど、もの凄いキャパシティを持ってて、何か大きなものを掌の上で転がしてる。それが忍者かなって思いますね。

〝ふわっ〟と守ってくれるもの

川上　日本人の生き方の中には宗教もある訳ですよね。外国人が思うような宗教観じゃないですね。かなりいい加減な宗教観です。

多田　ああ、まあ、そうですね。

川上　でも、そういったものもね、けっこう心の安寧、という所には役立ってるんですよ。神とか仏というものを、本当に信じてるかどうかわからないようなレベルの宗教観ですよね。それが日本人の、いい部分だと思うんですね。この伊賀だと、浄土宗ですね。浄土宗の考え方、そういったものも入ってるんじゃないかと思うんです。よく「お天道様が見てるから」とか、あれ、宗教じゃないんですよね。

多田　何でしょうね、あの感覚。

川上　何か知らんけど、子供の時から「南無阿弥陀仏」とか言って。欧米の宗教観から言ったら、全然ムチャクチャな宗教観。節操のない宗教観なんですよ、日本人は。クリスチャンでもないのにメリークリスマスだとか、教会で結婚式上げたりとか、葬式の時は仏教とかね。そういう、もの凄くいい加減、ルーズな所があって、それで助かってるっていうね。

多田　でも、なんとなく〝ふわっと護られてる感〟みたいな感じで。

川上　あんまり強迫感がない。

多田　確かにね。逆に、科学的、論理的すぎて、安易に宗教とかを信じないで、何でも詰めて考えていく人の方が、精神、病むらしいですね。

川上　弱いと思います。逃げる場所がないから。私も神仏があると信じてる訳じゃないけど、そういうものは宇宙の真理である、とそういう教えな訳です。「真理」ですからね。それを神である、仏である、と言う人がいるだけの事であって。

多田　結局、原始的には、神様とかも今みたいな形じゃなかったはずで。トータル……なんて言うんですかね、自然の法則みたいなものを、神と言ってもいいのかなと。

川上　そう。

多田　その中で、まだ科学で解明されてない、残りの部分っていうか。残りっていうのもおかしいですね。私たちが認識してないレベル、の事を、神の領域みたいな。結局は自然の法則、森羅万象みたいな……。ま

川上　要するに自然の法則だとは思うんですけどね、「〜ではないか！」っていう論理で詰めて行くと、また「論理」になってしまうんですけどね。だから、なんとなくそういうものがあるなと。それで、武蔵の言葉と一緒で、敬いはするけど、頼る事はない。最後はそこが護ってくれるんだ、真理のように働くんだという。大衆は、……表現は悪いですけど、馬鹿ばっかりだと。だから占いとか、宗教っていうのは、大衆を誘導したりする時に、非常に効果がある。だから、必ず会得しておくべき内容であるという風に教えられる訳です。「雲煙気伝《うんえんきでん》」という、気を見てどうかとかですね、占いとか、そういうものをやる訳です。それを別に信じるという事じゃないんですよね。それによって誘導する訳です。

多田　確かに、自分が何か特定の思想とか、吉凶とかにとらわれすぎていたら、人を操れないですよね。

川上　そうですね。だから、醒めて見ている訳です。でも、それは否定してる訳じゃないんですよ。

多田　効果もあるし。日本の宗教って、生活の知恵みたいなカラーがありますよね。どうしても、ある意味科学的なものが入ってしまっている現代人って、宗教も結局、「何が正しいのか」とか、筋が通ってるのかとか、そういう事を問いがちなんですけど、結局みんなが気持ちよく暮らせればいい、くらいの。悲しい時も気分が少しやわらいだりとか……あと、悪い事をすると地獄が待ってるよって言って、うまく犯罪を防いだりとか。そんな感じで、無理なく円滑に世の中を運んでいくために、仏教とか八百万の神とかそういう考え方を使って、みんながうまくやっていく。そうした手法なり感覚が、長年の伝統として日本人の心に染み込んでるみたいな。「宗論（仏教の宗派の論争）は、どちらが負けても釈迦の恥」っていう言葉

がありますけど、別に議論を戦わせるためのものじゃないんですよね。

川上 今、すべて理詰めで考える社会になってきているのもね、逃げる場所がなくなってきているっていう所がありますよね。

多田 成果にしても、その人の能力にしても、目に見えるものしか信じないっていうね。自分に理解できることしか認めない、とか。科学的にも目に見えないものが一杯あるって証明されてるのに、目に見えるものにとらわれるっていうのが……。成果についても、絶対、まだ目に見えてない成果みたいなものがあると思いますし、そんな潜在的な価値の評価方法も、あるはずなんですよね。昔だったら、「何かコイツ、若いけど見どころがあるな」とか。そういうのは、現代にもないわけではなくて、最近は全く新しい方法で、評価されつつあるみたいですね。例えば歌手とか、ヒットするかどうか予めわからないから、大変じゃないですか。一所懸命作って歌っても。でも、実はもの凄いデータを集めると、ヒットする音楽って、一定の法則があるらしいんですよ。その法則に当てはまる歌手が、無名なのにデビューしたら、本当に売れて、というのがあって。それでその次の曲出す時に、作曲しても、その法則に当てはまらなかったらCDを出してもらえないとかで、それはそれでなんか大変みたいですけど。本当は、今まで自分たちが知らなかったような、実は結果を出す法則みたいなものがどこかにはあるかもしれないっていう。そういうものがまだわかってないのに、どこか一面だけ見て評価していくっていう……。

川上 当面、その法則に合ってないかもしれないけど、20年後くらいにもの凄い売れるかもしれないっていうのもありますよね。

多田 それもあり得ますね。

川上　ノーベル賞なんか、そうですよね。最近日本人でもノーベル賞取ってる方なんか、何十年も前のものですよね。当時、それは評価されてなかったんですよね。そういうものって、多々あると思うんですよ。

多田　実は将来をにらんで、その場では無意味に見えるようなものに投資したり、誰かが情熱注いだりとか、そういうことって大切ですよね。そうした分野が、結果的には後で大きな成果を生んでいるっていう事は多いと思うんですよ。みんな、今いいって言われている、その分野にばかり注目して、しかも同じような事をやろうとするから、なんか、おかしい事になる。

川上　ゆとりがないんですよね。その、評価する側も、評価される訳です。会社の経営陣も、株主から評価されるとか、国全体が評価されるとかね。

多田　外聞を常に気にして気にして、みたいな。武術でもありますけど、結局〝落ち着き〟を取り戻すためには、自己評価って凄く大事で。評価というと、点数をつけるみたいなイメージになってしまいますけど、そういう意味ではなくて、自分の中に物差しをもつということですね。身体感覚でも、自分の感覚が研ぎ澄まされていれば、力んだりして変な動きをしてしまった時、自分が分かるじゃないですか。自分が、今日はいい働きができてないから、考えなきゃとか、自分で分かる。感覚として、よく集中してる時なら、自分で分かるっていう事って、多々あると思うんです。さっき仰ったような宗教も、「南無阿弥陀仏」と唱えれば、自分自身の心が穏やかになるとか、そういう内部感覚があるというか。〝他力本願〟なんていわれてますが、天とか神仏に委ねることによって、自分自身の無駄な力が抜けるみたいな、けっこう実質的な効果もあると思います。〝他力本願〟って人任せみたいな、自分が責任を負わない、みたいなイメージがありますけど、結局人間って、他人の評価とか、〝人間同士〟ばかりに目が行ってると、行き詰まるんですよね。

そんな中で、神・仏っていう視点ができる事によって、新しい境地が開ける。自分を責めるか、他人を責めるかしかなかったのが、いや、全然、そうじゃないのかもしれない、と。そんな狭い了見で、この大自然、宇宙は動いていないんだ、と。例えば、孤独でも耐えられるんですよね、逆に〝他力本願〟だったら。神仏がふわっと守って下さってるし、相手にして下さってる訳ですから。別に人から理解されなくても、「お天道様は見ている」じゃないですけど。そういう、自然とか神仏に自分がダイレクトに結びつく事によって、他の人の評価とか、その場その場の結果とかが、ちょっと超越できるみたいな。それで自己満足ばかりしてたら駄目ですけど、でも、長い人生の山や谷を乗り越えていくには、そういうイマジネーションが大事かもしれないですよね。

川上　日本の文化すべてが素晴らしい、という訳ではないかもしれないけれども、私はかなり、世界の文化の中で、精神文化も含めてね、日本の文化は本当に素晴らしいと思いますよ。

■

あとがき

伊賀に移り住んだ頃、町の中でひょっこり忍者のに会うのではないか、などと思い、わくわくしていた。そんな中、三重大学が伊賀で忍者・忍術学講座を行なっていると知り、受講した。集まっていたのは、学問や文化を愛する地元の方々、ディープな忍者愛好家、そして、忍者研究の第一人者の先生方。ここに、以前、テレビで拝見したことのあった川上仁一先生のお姿を発見した時には興奮した。

とにかく、ご挨拶をしなければと思って近づき、名刺交換をさせていただいた。丁寧にご対応くださったが、甲賀流忍術の継承者だと思うと、どこか怖ろしく感じ、隙も見出せないまま、言葉少なに失礼した。

その後、有難いご縁で、ゆっくりとお話をうかがう機会を得た。すると、びっくり。とても優しいお人柄であった上、弾丸のごとき関西弁で、非常によく話される方だった。「忍術は早業より、多弁、利口」というらしい。つまり、忍者はよくしゃべるのだ。

私は興味が倍増し、その日は五時間くらい話し続けてしまった。先生の言われることは、これまでの忍者のイメージを次々に覆していった。そして最終的に、忍術は武術や合戦術の一種ではなく、もっと総合的な人間の生存術である。したがって、応用の仕方次第では、現代にも幅広く活かせるという話に至った。

川上先生のご経験や、何ともいえない面白さを世に伝える方法はないか、と考え、対談本を企画した。会話ならば、一日か二日で本一冊分は充分、語ってくださるという確信があったのだ。お忙しい先生をつかまえて、二日間、約十二時間にわたって、直接、貴重な忍術の教えをうかがうことができた。その中から、特に、現代に活きそうな点や、興味深い部分を集めてもらったのが本書である。まさに「口伝」の書といえるだろう。

あとがき

この仕事を終えつつある今、改めて川上先生への畏怖の念が強まっている。怖ろしさの質はかなり変わった。初めは、本物の忍者になど会ったことがなく、どう接したらよいか分からないという怖さがあったが、段々、忍術者としての具体的な凄さが垣間見えてきた。

私は、先生ほど謙虚で、自信に満ちた方と出会ったことはないと思う。忍者は「恐れ」を嫌うというが、本当に、先生は怖いものがほとんどないように見える。それでいて、周りの人を立て、誰とでも和することができる。これぞ忍術の神髄と感じた。

その一方で、先生と接すれば接するほど、謎が深まる部分もあった。いくら話されても、謎を残し、相手に想像の余地を残されるのがまた、術者なのだろう。

忍術の正体はこうだ、などとは言えない。だが、これまでのイメージからは解き放たれ、雲をつかむようだった忍者像が、随分、身近に、立体的に感じられたのは間違いないと思う。そこには、昔の日本人なら誰もが持っていたような生きる知恵も数々あった。伝統に馴染み、社会の良識を重んじ、新しいものを謙虚に学び、人の心を深く解するのが、優れた忍びだ。誰の仕事か分からないくらい、さりげなく社会に貢献し、皆が喜ぶ様子をこっそり眺めて楽しむのが上忍だという。

今、私たちは、志さえあれば、川上先生の貴重な口伝を我がものにすることができる。大事なのは、頭だけで理解せず、心と体を一体のものととらえ、自ら実行する姿勢だろう。

時代劇に憧れ、学生時代、初めて忍者小説を書いてから、今年で二十五年。本物の忍術に触れられたことを、心から光栄に思う。

二〇一六年　秋

作家　多田容子

装幀：中野岳人
本文デザイン：リクリ・デザインワークス

忍者 現代《いま》に活きる口伝 “忍び”のように生きたくなる本

2016 年 12 月 10 日　初版第 1 刷発行

著　　者　川上 仁一・多田 容子
発 行 者　東口 敏郎
発 行 所　株式会社ＢＡＢジャパン
〒 151-0073 東京都渋谷区笹塚 1-30-11　4・5 F
TEL ／ 03-3469-0135　FAX ／ 03-3469-0162
URL ／ http://www.bab.co.jp/
E-mail ／ shop@bab.co.jp
郵便振替 00140-7-116767
印刷・製本　中央精版印刷株式会社

ISBN978-4-8142-0021-4　C2075

BOOK Collection

BOOK　柳生新陰流の極意「転（まろばし）」→言葉の転換

一発逆転の武術に学ぶ会話術

武術の心と身体の使い方をもとに現代人のコミュニケーション力を養う!?

力が無い、身体が小さい、お金が無い、知識が無い、権威が無い…そういう弱さに敗北感を感じる必要は無い!　作家であり、古武術活用研究家である著者が、武術を通して得た発想や身体感覚を交えつつ、現代人がコミュニケーションに活かせる兵法を伝授します。武術の智慧を日常生活や仕事に活かすヒントをわかりやすく紹介。負けず勝たずの話術の極意です!!

●多田容子 著　●四六判　●216頁　●本体1,400円+税

まるで魔法!?　一瞬で体が整う!

～理屈を超えて機能する! 三軸修正法の極み～

「引力を使う」「数字を使う」「形状を使う」「宇宙の秩序を使う」... カラダの常識がコペルニクス的転回!　どの方法でも体が整う!　凝り固まった思い込みが吹き飛ぶ、こんなコトや あんなコトで、自分も相手も身体が変わる!

●池上六朗 著　●四六判　●184頁　●本体1,300円+税

感覚で超えろ!

達人的武術技法のコツは“感じる”ことにあった!!

接点の感覚で相手と自分の境界を消していく。次の瞬間、相手は自分の意のままとなる。感覚を研ぎ澄ませば、その壁は必ず超えられる!　力任せでなくフワリと相手を投げたり、スピードが遅いように見える突きがなぜか避けられない、不思議な達人技。その秘密は“感覚”にあった!

●河野智聖 著　●A5判　●176頁　●本体1,600円+税

古武術「仙骨操法」のススメ

速く、強く、美しく動ける!

上体と下体を繋ぐ仙骨。古武術の「仙骨操法」で、全身が連動し始める!　あらゆる運動の正解はひとつ。それは「全身を繋げて使う」こと。古武術がひたすら追究してきたのは、人類本来の理想状態である“繋がった身体”を取り戻すことだった!　あらゆる運動を向上させる“全身を繋げて”使うコツ、“古武術ボディ”を手に入れろ!

●赤羽根龍夫 著　●A5判　●176頁　●本体1,600円+税